Frio tropical
tropicalismo e
canção popular

CONSELHO EDITORIAL

Ana Paula Torres Megiani

Eunice Ostrensky

Haroldo Ceravolo Sereza

Joana Monteleone

Maria Luiza Ferreira de Oliveira

Ruy Braga

FRIO TROPICAL
TROPICALISMO E CANÇÃO POPULAR

Carlos Pires

Copyright © 2017 Carlos Pires.

Grafia atualizada segundo o Acordo Ortográfico da Língua Portuguesa de 1990, que entrou em vigor no Brasil em 2009.

Publishers: Haroldo Ceravolo Sereza
Edição: Joana Monteleone
Editora assistente: Danielly de Jesus Teles
Projeto gráfico, capa e diagramação: Gabriela Cavallari
Revisão: João Paulo Putini
Assistente de produção: Jean Ricardo Freitas
Imagem da capa: *Sistema do frio*, 2012, de Paulo Climachauska, caneta sobre papel, 30 x 21 cm.

Este livro foi publicado com o apoio da Fapesp, nº 2011/10786-6

CIP-BRASIL. CATALOGAÇÃO-NA-FONTE
SINDICATO NACIONAL DOS EDITORES DE LIVROS, RJ

P743t

Pires, Carlos
FRIO TROPICAL: TROPICALISMO E CANÇÃO POPULAR
Carlos Pires.
São Paulo: Alameda, 2017.
212p.

Inclui bibliografia
ISBN 978-85-7939-155-2

1. Tropicalismo (Música). 2. Música popular – Brasil – História. I. Título.

12-5464. CDD: 780.420981
CDU: 78.067.26(81)

037838

ALAMEDA CASA EDITORIAL
Rua 13 de Maio, 353 – Bela Vista
CEP 01327-000 – São Paulo, SP
Tel. (11) 3012-2403
www.alamedaeditorial.com.br

à Lara

SUMÁRIO

Apresentação	9
Introdução	13
Gilberto Gil (1968)	17
Caetano Veloso (1968)	65
Excurso: otimismo e sebastianismo na história recente do tropicalismo	125
Grande Liquidação (1968)	151
Considerações Finais	203
Bibliografia	205

APRESENTAÇÃO

O ponto de partida deste trabalho, uma década e meia atrás mais ou menos, foi a percepção de que as canções tropicalistas apresentavam uma maneira diferente de organizar a composição, ou, para colocar em outros termos, que a relação entre os elementos musicais aparecia nelas, em diversos níveis, de maneira nova dentro de uma relativamente recente e descontínua tradição musical brasileira. Essa intuição bastante vaga e um tanto frágil de fato gerou uma direção de pesquisa, tentar entender essas canções e a qualidade dessa novidade que elas apresentaram naquele momento.

Essa nova forma surge em resposta, algumas vezes até interessantemente reativa, a um contexto histórico complexo em que a maneira de imaginar a nação passava por um rápido processo de transformação bastante particular. Momento que funciona como uma espécie de nó para pensar as diferenças entre o Brasil moderno e contemporâneo, ou em que acontece a percepção de que um traje moderno, ambicionado com a industrialização recente do país, não caiu assim tão bem em uma realidade tão brutalmente desigual, como a canção Tropicália alegoriza.

A consciência da vergonha desse traje moderno que não se adequa muito bem ao corpo parece adquirir uma consistência nova nesse momento e essa é com efeito uma das principais, se não a principal, matéria de composição desses LPs tropicalistas. Essa matéria e outras aparecem dentro de uma estratégia de composição que acontece por meio da exposição quase imediata e um tanto abstraída de elementos, muitas vezes emblemas de nacionalidade, extraídos de lugares diferentes da nação. Esses elementos são, então, colocados em atrito, em contraste, muitas vezes explicitando essas diferenças entre o país imaginado e o país real. Aqui é o centro da conhecida justaposição tropicalista bastante comentada na reflexão sobre o movimento, embora pouco pensada e testada nas obras efetivamente.

Para enfrentar esses problemas que são ao mesmo tempo de natureza estética e social, a estratégia usada foi procurar nas canções as marcas da dificuldade de realização desse ambicioso projeto, ou foi tentar abordar a forma musical de maneira semelhante à chave benjaminiana usada por Peter Szondi para pensar a forma dramática:

> *As contradições entre a forma dramática e os problemas do presente não devem ser expostas in abstracto, mas aprendidas no interior da obra como contradições técnicas, isto é, como 'dificuldades'*[1]

"Frio tropical" é constituído por três ensaios sobre três LPs tropicalistas, *Gilberto Gil* (1968), *Caetano Veloso* (1968) e *Grande Liquidação* (1968), de Tom Zé, onde procuro pensar as canções e como elas se apresentam dentro da arquitetura dos LPs, ou, em outros termos, como elas são potencializadas na construção de sentido dos

---

1 SZONDI, Peter. *Teoria do drama moderno 1880-1950*. São Paulo: Cosac & Naify, 2001. P.26.

FRIO TROPICAL: TROPICALISMO E CANÇÃO POPULAR   11

trabalhos. E por um excurso[2] que discute uma perspectiva em relação ao Tropicalismo e à cultura nacional que Caetano Veloso apresentou em uma palestra em 1993.

Este livro foi derivado da dissertação "Canção popular e processo social no tropicalismo" defendida em 2009 no Departamento de Teoria Literária e Literatura Comparada da Universidade de São Paulo. Deixo aqui meu principal agradecimento ao orientador deste trabalho, professor Jorge de Almeida, que foi decisivo no meu processo formativo e para esta pesquisa, embora os defeitos deste trabalho sejam de minha exclusiva responsabilidade como é de praxe, e soube conduzir a orientação com o ouvido atento às contradições e uma afinação rara entre rigor e liberdade.

Deixo aqui também meus agradecimentos aos professores Celso Favaretto e Viviana Bosi pelo rigor, generosidade, simpatia e confiança com que acompanharam este e outros trabalhos posteriores. E aos familiares, amigos e funcionários do DTLLC.

E, ainda, deixo um agradecimento especial a Tacia e Paulo Climachauska pelo desenho feito generosamente para a capa. E a Neusa e Tom Zé pela generosidade e confiança com que receberam este trabalho e pelas palavras que estão na quarta capa deste livro.

Esta publicação não teria sido possível sem o apoio da CAPES e FAPESP.

---

2   Publicado antes como "Otimismo e sebastianismo na história recente da tropicália", *Sinal de Menos*, n. 6, 2010, p. 146-161.

INTRODUÇÃO

Os primeiros LPs tropicalistas, *Caetano Veloso* (1968), *Gilberto Gil* (1968) e *Grande liquidação* de Tom Zé (1968), surgem em um contexto em que não havia se consolidado plenamente no Brasil um processo integrado dos meios culturais como se deu, décadas antes, em outros países. Segundo Ortiz:[1] "apesar da existência de firmas como o Ibope, a audiência para o rádio e a televisão era mais dimensionada por critérios empíricos do que através de pesquisas de mercado". A vibração da plateia em um programa de rádio, por exemplo, era fator decisivo para se medir sua popularidade. É flagrante, também, a falta de especialização do trabalho nos meios culturais brasileiros dos anos 1950 que perdurou de forma significativa até a década de 1960. A racionalização do tempo

---

1 ORTIZ, Renato. *A Moderna Tradição Brasileira, Cultura Brasileira e Indústria Cultural*. São Paulo: Brasiliense, 1987, p. 63.

tanto nas programações quanto nos anúncios nesse período se deu de maneira muitas vezes frouxa.[2]

Esses LPs mantêm um diálogo estreito e ambivalente com essa integração e profissionalização dos meios culturais. É possível perceber já em suas capas certa atitude diferenciada que buscavam forjar. Os artistas, que antes eram destaques, nesses três álbuns rivalizam com um fundo colorido em um procedimento de colagem: Caetano Veloso aparece em uma foto com a expressão séria, com o rosto à meia luz, em uma moldura oval apoiada no braço de uma mulher em uma espécie de paraíso pop pintado com cores fortes; Gilberto Gil está vestido com um fardão semelhante ao da Academia Brasileira de Letras em um fundo verde e amarelo com detalhes vermelhos onde ainda estão duas pequenas fotos em que o artista posa com uma farda militar e com um volante na mão de óculos escuros guiando um automóvel invisível; o rosto de Tom Zé aparece com a expressão séria em uma televisão em preto e branco disposta em um plano recuado em relação a um cenário urbano popular pintado, também, com cores fortes. As capas, com essas dissociações ostensivas entre figura e fundo, fotografia e desenho, aludem aos procedimentos compositivos das canções.

O estudo do processo de construção de sentido desses três LPs por meio da análise das canções ainda não tinha sido realizado, mesmo com a valorização, muitas vezes excessiva, do tropicalismo na história recente do país. Não existe nenhum estudo sistemático desses trabalhos que talvez sejam as principais obras musicais do

---

2 "Ninguém ligava muito se o anúncio inicialmente previsto para 30 segundos acabasse tendo 40 ou 45" (*Ibidem*, p. 62)

movimento.[3] Os LPs tropicalistas apresentam em diversos planos da composição musical as contradições de um acalentado projeto nacional e popular em vias de se realizar, ou se desintegrar, em chave industrial rebaixada para as massas.

---

3   Ao lado do disco coletivo *Tropicália ou panis et circences* que possui um importante e único estudo realizado por Celso Favaretto. (Tropicália - *Alegoria, Alegria*. São Paulo: Ateliê Editorial, 2000).

GILBERTO GIL (1968)

Quero ver quem vai voltar
Quero ver quem vai fugir
Quero ver quem vai ficar
Quero ver quem vai trair[1]

Frevo rasgado, música que abre o LP *Gilberto Gil* (1968), é um frevo, como o próprio título sugere, arranjado, aparentemente, com características próximas a que o programa responsável pela defesa da canção nacional, o *Fino da bossa*, promovia. O frevo era um dos gêneros tradicionais brasileiros defendidos por amplos setores da moderna música popular brasileira (MMPB). Essa abertura parece apresentar um cantor de protesto – o que em certa medida o seu disco anterior, *Louvação* (1967), ratifica – do programa em que Gil era presença constante, o *Fino da bossa*. A ideia é reforçada pelo arranjo que será comentado a seguir.

Os cantores de protesto ou engajados pretendiam, como é sabido, conscientizar as massas com suas canções.[2] Esse imaginário social, com seu teor de verdade, se constituiu em um momento anterior ao

---

1 Trecho da canção *Roda*, do LP de Gilberto Gil *Louvação* (1967).

2 LOUZADAS, O. C. "A festa da bossa: impacto, sintaxe e (declínio)". *Arte em revista*, n. 2, São Paulo, 1979.

20 CARLOS PIRES

do LP na história recente do país e possibilitou "testar a cultura pela prática social e pelo destino dos oprimidos e excluídos".[3] Em 1968, ano do disco, essa construção histórica já se encontrava em desagregação e esta é matéria do disco e de muitas composições tropicalistas, talvez a principal. O LP anterior de Gilberto Gil, *Louvação* (1967), trazia essa "experiência popular" como se ela existisse sem fraturas, dentro do otimismo comum à época. Muitos elementos dela, ou da sua desagregação, voltarão ao disco de 1968, às vezes em uma formalização que explicita essa fratura, em outras de maneira não muito diferente do disco anterior, e/ou, ainda, em um grau de ambivalência de difícil especificação. *Domingo no parque* – peça inaugural do tropicalismo lançada em 1967 no III Festival da Música Popular Brasileira ao lado de *Alegria, alegria* – já carrega na relação entre tema e música outra maneira de equacionar o "popular" na composição. A canção, que ficou em segundo lugar no festival de 1967, finaliza o LP de 1968 e talvez funcione, em relação à construção de sentido do disco, como uma espécie de ponto de fuga.

Frevo rasgado, apesar da aparente roupagem *Fino da bossa* – programa que trazia essa experiência vinculada ao recente mercado televisivo que se estabelecia, em boa medida, em função da música popular[4] – traz como tema um encontro amoroso que em carnavais anteriores tinha se efetivado e não é correspondido na última festa. A voz que canta é a do amante que não entende a indiferença do outro que em anos anteriores estava "tão perto". Certa aparência de sofisticação se dá pelo arranjo que se desenvolve sobre uma base rítmica fixa com sopros que estabelecem contrapontos à voz que em alguns

---

3   SCHWARZ, Roberto. *Sequências brasileiras*. São Paulo: Companhia das Letras, 1999, p. 157.

4   Sobre o assunto: MELLO, Zuza H. *A era dos festivais*. São Paulo: Ed. 34, 2003.

FRIO TROPICAL: TROPICALISMO E CANÇÃO POPULAR   21

momentos assume – na medida da tradição do jazz, não na de João Gilberto[5] – a característica dos sopros, não sem algum deboche. A música e o arranjo, como dito, remetem a essa experiência popular vinculada em alguma medida à expansão da profissionalização dos meios culturais, que ganhou características específicas ao longo da década de 1960; já a letra aponta para uma forma de interiorização dos sentimentos que parece estranha a esse registro. A confusão e o desespero, acentuados pela aceleração rítmica do frevo, não vêm à tona, só acontecem na dimensão subjetiva da voz.

Depois dessa introdução, a letra começa – "Foi quando topei com você" – sem que o nexo do tema se estabeleça de imediato. Precisará a sua repetição, quando esse verso aparecerá encadeado ao contexto da festa, para que a situação se esclareça: a confusão se instalou no momento em que aquela, ou aquele, que foi amante em carnavais anteriores, não correspondeu ao desejo da voz, se mostrou indiferente como se o que passou não tivesse existido. O curioso é que a voz que sofre com a indiferença rebate de maneira semelhante à medida em que não deixa os próprios sentimentos ganharem a realidade, já que

> a bagunça que eu fiz, machucado
> bagunça que eu fiz tão calado
> foi dentro do meu coração

---

5   João Gilberto não separa a voz que canta a letra da voz que se insinua como instrumento, utiliza as articulações das sílabas da letra para dar certas tonalidades, ou timbres, às vezes, próximas aos instrumentos, ou para criar registros diferentes na canção – mas não quer que a voz perca a condição de voz nessas aproximações. Mesmo quando canta separadamente uma melodia sem que tenha uma letra "por trás" o efeito não é o que o solo vocal tem no jazz. Sobre as diferenças entre o jazz e a bossa-nova de João Gilberto ver: MAMMI, L. "João Gilberto e o projeto utópico da Bossa-nova". *Novos Estudos CEBRAP*, n. 34, nov. 1992, p. 63-70.

Em contrapartida, a enunciação parece toda dirigida à personagem que não correspondeu ao seu desejo em uma espécie de confissão do que não aconteceu, ou de uma tentativa de explicitação de um estado de espírito que estava lá mas não ganhou a realidade, ou, melhor, não se externalizou. Ao mesmo tempo a canção parece gerar uma espécie de duplicação da realidade:

> Porque lembrei
> Do seu sorriso aberto
> Que era tão perto, que era tão perto
> Em um carnaval que passou
> Porque lembrei
> Que este frevo rasgado
> Foi naquele tempo passado
> O frevo que você gostou
> E dançou e pulou
>
> Foi quando topei com você

No final da primeira parte da letra, antes do verso "Foi quando topei com você" remeter ao início, a situação da indiferença dos amantes, pelo menos aparente, aconteceu quando o "frevo rasgado", que em carnavais anteriores foi marcante ao encontro, estava tocando. O frevo é, também, a própria canção – como se dá para depreender do uso do demonstrativo *este* – que tenta reconstituir, explicar, ou apenas comunicar, a perplexidade da voz diante da indiferença do interlocutor, sua própria confusão calada.

Essa espécie de duplicação em que a exteriorização dos sentimentos está de alguma maneira implicada – ou "essa vontade de ser ator", para remeter a outra música do LP, *Luzia Luluza* – parece de certa forma imbricada com a experiência popular, ou com a nova representação dela, que é reiterada em diversos ângulos ao longo do LP, para terminar, também sob o signo da confusão, na traição em ambiente popular em *Domingo no parque*.

*

Coragem pra suportar, a segunda música do LP, mantém em seu centro a temática popular. O morador do sertão organiza toda a sua existência, segundo a letra composta em 1964, para ter coragem pra suportar, até o momento em que nada mais propicia essa coragem e ele se torna um retirante – figura constante nas composições da época e em parte da tradição das artes no Brasil do século XX –, deixando a vida anterior para trás. Temas desse tipo não eram estranhos a Gil. Em seu disco anterior, como dito, eles se desenvolvem em diversas direções, mas no disco de 68 a guitarra elétrica no arranjo promove um estranhamento aos ouvidos da época.[6]

A música começa com certo arrastado dado pela dispersão dos instrumentos sobre um violão relativamente fixo – atacado em um ritmo regular com a mesma intensidade nos quatro tempos de um compasso quaternário – que promovem uma atmosfera arcaica, rural até, parecendo gerar um clima para uma cena. A flauta se prolonga e ascende na tessitura sem qualquer base harmônica aparente e outros ruídos que lembram o universo rural aparecem até que um baixo elétrico altera aquele ritmo que se torna monótono em contraste com o novo, e a guitarra elétrica completa essa transformação dando brilho à opacidade anterior. A letra começa, então, nessa nova atmosfera,

---

6   É conhecida a tensão que a guitarra elétrica criava em alguns setores mais tradicionais. O *Fino da bossa* organizou uma passeata contra esse "símbolo do imperialismo" em que Gilberto Gil participou, mesmo estudando neste momento o instrumento.

mas próxima, tematicamente, ao clima anterior que em alguma medida se irradia com a flauta que continua promovendo melodias fora da base harmônica estabelecida pelo baixo e guitarra. Logo após a entrada desses instrumentos começa a primeira parte da letra:

> Lá no sertão quem tem
> Coragem pra suportar
> Tem que viver pra ter
> Coragem pra suportar
> E somente plantar
> Coragem pra suportar
> E somente colher
> Coragem pra suportar
> E mesmo quem não tem
> Coragem pra suportar
> Tem que arranjar também
> Coragem pra suportar

A coragem parece vinculada à dificuldade material que forjou aquele sertanejo que é, para lembrar o que se tornou um lugar comum, um forte. Só que o arranjo no momento em que a letra é cantada está eletrificado pelo baixo e pela guitarra, o que promove um estranhamento – maior ainda, talvez, aos ouvidos da época – do sertanejo fortalecido pela atmosfera Beatles. Esse grupo, como é sabido, influenciou diretamente os tropicalistas colocando no horizonte uma possibilidade aparentemente mais livre de construção das canções dentro da indústria cultural; a vertente nacional do rock que disputava o mercado televisivo com o *Fino da Bossa*, a *Jovem Guarda*, parecia menos permeável às influências do grupo inglês em sua fase mais experimental do que os tropicalistas – por outro lado, esse "rock nacional" influenciou em linha direta, com certa independência, as canções de Gil, Veloso e,

FRIO TROPICAL: TROPICALISMO E CANÇÃO POPULAR   25

talvez de maneira mais intensa, as de Tom Zé.[7] Essa atmosfera Beatles permanece até o verso "ou então" promover uma inflexão: o baixo desaparece e a guitarra muda seu caráter mais percussivo e passa a fazer desenhos melódicos ascendentes e descendentes espaçados no vazio em que a música caiu sem os suportes rítmicos anteriores, retomando, em certa medida, o clima do começo.

> Ou então
> Vai embora
> Vai pra longe
> E deixa tudo
> Tudo que é nada
> Nada pra viver
> Nada pra dar
> Coragem pra suportar

E a coragem, eletrificada no momento anterior da letra, é esfriada agora em que ela não se sustenta, já que sua condição de reprodução material mínima, que a forjava na dificuldade, desapareceu. O que sobra a esse personagem é migrar para qualquer outra situação que possibilite sua existência. Esse tema, caro à época, tratava de uma transformação recente do país iniciada, ou acelerada, na época desenvolvimentista, que retirou grandes parcelas da população de seus enquadramentos tradicionais e as deslocou para as cidades, criando um "desajuste extravagante"[8] no contexto urbano – e "moderno" – da

---

7   Ver neste estudo a oposição que a canção *Tropicália* estabelece entre o *Fino da Bossa* e a *Jovem Guarda* e a construção da voz do "rapaz de bem" nas composições do lado A de *Grande Liquidação* de Tom Zé.

8   "Afastada de suas condições antigas, posta em situações novas e mais ou menos urbanas, a cultura tradicional não desaparecia, mas passava a fazer parte de um processo de outra natureza. A sua presença sistemática no ambiente moderno configurava um

26   CARLOS PIRES

nação, que será bastante explorado pelos tropicalistas e por Gil. A próxima canção, *Domingou*, tenta dar forma a esse desajuste, pelo que dá para depreender do desenho do LP que aponta para a saída, quase expulsão, do mundo rural e começa a especificar, em seguida, a esquisitice urbana que possui aquela outra realidade, já contaminada pelo arranjo, como origem. Em outros momentos os resquícios da desagregação desse enquadramento tradicional serão matéria das composições, mas dentro dessa nova chave de conflito – e/ou acomodação – com a experiência urbana.

Nessa formalização – em que um registro "moderno" próximo aos Beatles caracteriza a coragem do sertanejo vinculada à dificuldade material, ao mesmo tempo em que a letra expõe, quase em chave materialista, essa coragem que se esvazia da "modernidade" do arranjo no momento em que a migração se faz necessária –, *Coragem pra suportar* explicita o quanto a "coragem do sertanejo" pode pertencer ao universo urbano mais imediato, como o arranjo deixa entrever. O estranhamento joga uma luz irreal na canção que irradia para os procedimentos técnicos de prolongamento da vogal, usado no último verso que repete o título, muito comum para despertar a empatia da plateia dos festivais e do público dos programas de televisão.

*

Em *Domingou* a letra parece tentar configurar o vazio desse dia em que a organização semanal do tempo – e do trabalho – designou como o de "descanso". O LP sai aparentemente do registro ligado ao

---

desajuste extravagante, cheio de dimensões enigmáticas, que expressava e simbolizava em certa medida o caráter pouco ortodoxo do esforço desenvolvimentista." (SCHWARZ, *Sequências Brasileiras, op. cit.*, p. 156)

FRIO TROPICAL: TROPICALISMO E CANÇÃO POPULAR   27

universo rural e inicia uma caracterização do "desajuste extravagante" da realidade urbana nacional ou, para usar um termo de Antonio Candido, do "folclore urbano"[9] do país. A música começa como uma espécie de jingle com um coro feito pelos Mutantes, que estarão presentes até a última música, particularizando no tempo uma situação: "São três horas da tarde é domingo". Quando, então, entra Gilberto Gil acompanhado por uma banda de rock – só que essa soa em alguma medida desfibrada, sem o pulso forte que caracteriza, na maioria dos casos, músicas compostas nesse gênero. A participação dos Mutantes no LP em muitos momentos parece com a de uma banda de rock iniciante, sem pulso, com a dinâmica vacilando, o que, talvez, contribua, involuntariamente até, para a vivacidade do disco já que um dos centros formais é esse "desajuste extravagante". Será difícil encontrar em outro disco, vendido por grandes gravadoras daquele momento para frente – com o ritmo de profissionalização acelerado da cultura – tantas notas de guitarra abafadas sem intenção, cacos de solo, oscilação rítmica etc. – é bom lembrar que o padrão de referência dos Mutantes eram os Beatles que dominavam como poucas bandas de rock a especificidade, ou a pulsação, desse ritmo.[10] Rogério Duprat de alguma forma intuiu que aquele rock hesitante dos Mutantes tinha alguma relação com a caracterização – em alguma medida também hesitante – daquela realidade urbana. Já quando é o jingle que é colocado no centro, como a quase vinheta que abre *Domingou*, o pulso é firme, talvez dado pela experiência na publicidade e na música erudita de Duprat. As músicas com mais pulso no disco parecem ser responsabilidade do violão de Gil, que se formou dentro da tradição

---

9   CANDIDO, Antonio. *A educação pela noite e outros ensaios*. São Paulo: Ática, 2000, p. 174.

10   BAUGH, Bruce. "Prolegômenos a uma estética do rock". *Novos estudos CEBRAP*, n. 38, mar. 1994, p. 15-23.

do samba e do baião, e pela orquestração de Duprat, não pelo "rock" dos mutantes. Talvez esse seja um dos aspectos responsáveis pela fatura clara, luminosa até, do disco. É curioso que quando os Mutantes completam seu processo de "formação" dentro da tradição do rock – mais ou menos em 1970 –, seus discos perdem essa interessante característica, ou essa defasagem técnica dependendo do ponto de vista, que esse espaço mal configurado de profissionalização da cultura permitia e passam a soar quase sem particularidade. Isso talvez seja mais determinante para pensar o final do grupo do que a saída de integrantes ou algo nessa direção.

A caracterização urbana de *Domingou* é da cidade do Rio de Janeiro, como dá para perceber pela presença do Cristo Redentor, do bondinho, de Ipanema, da praça do Lido (ou Bernardelli) etc. O clima é provinciano e parece visto pela janela daquele que canta. Aos poucos esse marasmo provinciano que vira um verbo – domingou – se espalha e contamina o mundo, ou se "universaliza"

> É domingo no Vietnã – ê, ê
> Na Austrália, em Itapuã – ê, ê
> É domingo, ê, ê, domingou, meu amor

O jornal aparece como um elemento que revela certa atitude indiferente, *blasé*, da voz, que parece assistir a realidade imediata que passa na sua janela da mesma forma que lê o jornal, como cenas ou notícias independentes, desconexas:

> Hoje é dia de feira, é domingo
> Quanto custa hoje em dia o feijão
> São três horas da tarde, é domingo
> Em Ipanema e no meu coração – ê, ê

Isso até o momento em que a voz convida sua interlocutora a sair da distância em que se encontram – provavelmente o interior da casa – para fazer parte daquele domingo, ou para fazer parte daquele espaço público:

> Olha a rua, meu bem, meu benzinho
> Tanta gente que vai e que vem
> São três horas da tarde, é domingo
> Vamos dar um passeio também – ê, ê
> O bondinho viaja tão lento – ê, ê
> Olha o tempo passando, olha o tempo – ê, ê
> É domingo, outra vez domingou, meu amor

O passeio é no bondinho que vai e que vem, como a gente da rua, e a lentidão da passagem do tempo – que parece dar unidade às imagens anteriores e sentido ao verbo *domingou* – é expressa liberando o domingo para a sua eterna repetição – "É domingo, outra vez domingou" – dentro da organização semanal sem tempo, ou, melhor, com o tempo circular da rotina do trabalho. Isso no momento em que a voz abandona a distância da realidade e aceita aquela indiferença da lenta passagem do tempo que, de repente, se repete. A meia crítica que parecia se perspectivar se converte em uma meia ironia na medida em que a voz abandona a aparente distância e vai "dar um passeio também".

*

Em *Marginalia 2*, a música é organizada em dois ritmos justapostos que assumem a posição de letra e refrão. O primeiro, binário, é recoberto por elementos que dão clima ao que está sendo cantado e por citações melódicas de hinos, cantos de pássaros etc. – esse procedimento reverbera na letra que é, também, montada por algumas

30 CARLOS PIRES

citações de momentos expressivos, muitas vezes lugares comuns, da experiência nacional. O segundo ritmo, que introduz o refrão, transforma o anterior por meio de uma acentuação constante, dois acentos de mesma intensidade em cada momento do compasso anterior. Isso gera uma espécie de marcação de tempo que tensiona a composição enquanto o refrão "aqui é o fim do mundo" é cantado. Na terceira repetição a vogal final é prolongada e se transforma em *a* gerando uma distensão que parece inverter o rumo da letra: o fato de aqui, o país, ser o fim do mundo é quase festejado e o que parecia certo mal--estar em relação a essa condição acaba desembocando em certo alívio, talvez, pelo mesmo motivo. Esse prolongamento final acontece ao mesmo tempo em que o ritmo retorna à marcação anterior – o que intensifica a distensão e a "inversão".

O "problema" de ser brasileiro, configurado pela letra de Torquato Neto – poeta piauiense naquele momento convertido à "causa tropicalista",[11] que participou da construção do LP coletivo *Panis et circences* e, pouco depois, tem um importante papel na reflexão sobre a "ressaca tropicalista" em poemas e artigos –, ganha o primeiro plano temático. A voz diz ter consciência da sua história ("conheço bem minha história") e se posiciona em relação a ela. Ser brasileiro está ligado, já nas primeiras estrofes, a uma necessidade de confissão que não se substantiva ao longo da música, pelo menos não diretamente – em certo sentido como a confusão de *Frevo rasgado*. Antonio Candido[12] procura investigar em seu ensaio *Literatura e subdesenvolvimento* as transformações em relação à consciência dos países dependentes e marca dois momentos principais: o primeiro relacionado a certa ideologia do país novo e outro, à consciência do

---

11 VELOSO, Caetano. *Verdade Tropical*. São Paulo: Companhia das letras, 1999.

12 CANDIDO. *A educação pela noite... op. cit*, p. 162.

subdesenvolvimento. Grosso modo, a ideologia do país novo está relacionada a uma forma esperançosa de conceber a nação encarada, com certa vinculação à ideia de natureza e em tom de celebração, como um país de futuro, com grandes recursos naturais etc. O segundo momento, que o autor data dos anos 1950 do século XX, mas encontra traços desse na literatura da década de 1930, evidencia os componentes do atraso, sem as ilusões compensadoras da visão anterior. A letra parece evidenciar essa "consciência catastrófica do atraso", nos termos de Candido, e agir, ao mesmo tempo, dentro do clima eufórico da ideologia do "país novo", configurando o desajuste que em certa medida continuava vivo no país intensificado pelo nacionalismo militar e, também, pela "revanche da província"[13] que veio à tona com o golpe de 64.

A quebra do paralelismo dos versos das primeiras estrofes – "eu brasileiro, confesso/minha culpa, meu pecado – eu brasileiro, confesso/minha culpa, meu degredo" – leva ao centro de certa experiência intelectual dual do país, uma "divisão íntima que opõe o sentimento brasileiro à imaginação europeia".[14] Mas na época da canção essa havia atravessado um momento de autoconsciência, ainda que problemático, e sofrido, pouco depois, certo recuo com o golpe de 64, o que levou, nas palavras de Candido, a certa "migração interior".[15] A letra

---

13 "No conjunto de seus efeitos secundários, o golpe apresentou-se como uma gigantesca volta do que a modernização havia relegado: a revanche da província, dos pequenos proprietários, dos ratos de missa, das pudibundas, dos bacharéis em lei etc." (SCHWARZ, Roberto. *O pai de família e outros estudos*. Rio de Janeiro: Paz e tema, 1992, p. 71)

14 ARANTES, P. *Sentimento da dialética na experiência intelectual brasileira*. Rio de Janeiro: Paz e Terra, 1992, p. 14.

15 Em uma caracterização da experiência literária dos anos 1960, Antonio Candido usa esse termo emprestado do "tempo do nazismo" para tentar especificar certo clima de época ("A literatura brasileira em 1972", *Arte em revista*, p. 25). Em seu texto citado antes (CANDIDO, 2000) o autor usa o mesmo termo em um contexto um pouco

de Torquato parece movimentar esse espírito de época e o arranjo intensifica esse desajuste, mas tira o tempo do problema colocando-o dentro de outro momento da consciência nacional, o da euforia do país novo, forçando a nota que a "revanche da província" promovia. A ambivalência gerada na justaposição desses dois momentos, "vivos", como dito, no cotidiano nacional, expõe a falsidade dos materiais e promove, negativamente, a crítica de ambos apresentando seu centro comum.[16] A perspectiva crítica parece certeira em relação à historicidade dos materiais no curto circuito que promove. Mas muitas músicas de Gil que tematizam o "folclore urbano" ou a "condição nacional" reeditam a compartimentação e a defasagem – e, paradoxalmente, um desenvolvimentismo quase delirante na sua fome de modernidade[17] e mercado. A força – e a fraqueza – dessas composições tropicalistas está nessa exposição da ambivalência dos materiais retirados da experiência nacional que são apresentados sem sua densidade histórica específica, quase como cadáveres, o que por um lado deixa visível o caráter francamente ideológico deles e, por outro, prepara, no tipo de formalização, um contexto de modernidade

---

diferente: dentro de um impulso ambivalente de cópia e rejeição dos modelos importados, o "Atraso estimula a cópia servil de tudo quanto a moda dos países adiantados oferece, além de seduzir os escritores com a migração, por vezes migração interior, que encurrala o indivíduo no silêncio e no isolamento" (p. 189).

16   "Quando despertou a consciência do subdesenvolvimento, a sociologia que a prolongava interpretou-o naturalmente como uma carência, uma "defasagem" enfim que não seria remediada sem que fossem vencidos os obstáculos tradicionais que entrevavam o caminho que nos aproximava da modernidade metropolitana. Continuávamos a nos sentir diferencialmente, diria Roberto Schwarz, "como não realizando o padrão ao qual no entanto pertencemos". A dualidade por compartimentação ofuscava o nexo interno (de onde provinha o mal-estar) e bania a "dialética" que entretanto não deixava de solicitar" (ARANTES, Sentimento de dialética, *op. cit.*, p. 27-28)

17   Sobre o assunto, ver o excurso deste estudo.

específica em que o uso dos materiais se dá quase exclusivamente dessa maneira; dito de outra forma, os materiais são – e serão daquele momento para frente na maioria dos lugares culturais do país – acessórios para recobrir a composição.

A melancolia gerada do atrito entre o que é cantado e como é cantado, somada ao clima quase festivo do arranjo que reverbera em sua organização rítmica a dualidade temática, é outro elemento que traz interesse à canção. A situação de degredo dentro do próprio país é cantada com estranha alegria como que sugerindo certo degredo subjetivo, ou certa "migração interior", já que a voz se encontra dentro desse lugar que se tenta caracterizar. Não existe a oposição entre o aqui do degredo e o lá do país, como na *Canção do exílio* que é citada na letra.

A letra começa com a substituição do pecado pelo degredo na quebra de paralelismo dos versos, como dito antes. Confissão e pecado remetem ao centro da transformação na racionalidade – que o Brasil viveu à margem, ou no contratempo – que foi decisiva, segundo o famoso estudo de Weber, na constituição do capitalismo. A "ética protestante" – e a ética do trabalho proveniente dela – é um desvio histórico que deixa a "ética católica" deslocada em relação às transformações materiais e espirituais do "centro do mundo". O tipo de regulamentação da vida e do indivíduo foi bem diferente nos países com maioria protestante daquela que "pune os hereges, mas é indulgente com os pecadores"[18] que vigorou nos países católicos. A referência a uma confissão que não se colocará, da voz que se assume brasileira, carrega aparentemente um momento de autoconsciência poderoso se tivermos em mente o papel que essa, a confissão, tem nos países católicos, mas o movimento da letra parece configurar essa

---

18 WEBER, M. *A ética protestante e o "espírito" do capitalismo*. São Paulo: Companhia das Letras, 2004.

34 CARLOS PIRES

aparência de autoconsciência para desfazê-la na aceleração de imagens que acabam desembocando nos exotismos nacionais, reeditando as primeiras visões dos descobridores, viajantes e colonizadores. A defasagem parece assumida e de alguma forma festejada. A visão que se criou do exterior em relação ao eldorado presente em algum lugar do sul da América pode encobrir e pulverizar a aflição da confissão e do temor da morte até essa, a visão, se mostrar na chave irônica da dominação política, cultural e econômica na estrofe final, em que os medos foram aparentemente dissipados no jogo – político e econômico – dos "países do centro". Fica, talvez, o medo maior da violência da bomba que exterminará a todos. Resta à nação, dentro desse contexto, comercializar a fartura dos seus recursos naturais – e culturais – de país tropical, como a citação da marchinha de Braguinha e Alberto Ribeiro parece ironicamente insinuar:

> A bomba explode lá fora
> E agora, o que vou temer?
> Oh, yes, nós temos banana
> Até pra dar e vender

*

Pega a voga, cabeludo, que termina o lado A do LP, é uma música feita a partir de uma canção do folclore amazonense recolhida por Juan Arcon. Ela é, ou parece ser, uma improvisação no estúdio em que as marcas de gravação são deixadas. Quando essas não estão nítidas na situação original, são sobrepostas por gravações próximas às que estão ao fundo.

Ela começa com o técnico, Rogério Gauss – o mesmo que aparece citado no começo de *Tropicália* também em uma improvisação, "e o Gauss da época gravou" – intimando os músicos para a gravação: *atenção, bicões, gravando*. Essa sobra aproveitada se mostrará não de todo gratuita quando a situação criada pela canção se explicita: a voz que canta se apresenta como se estivesse em uma embolada, forma de desafio em ritmo acelerado em que dois cantadores disputam, muitas vezes de forma agressiva, para ver quem sai vitorioso por sustentar por mais tempo a improvisação em relação ao que o outro lança.

O ritmo se mantém fixo, quatro tempos acelerados marcados por palmas, coro e um violão. A letra não estrutura seus versos mantendo uma relação imediata com a parte rítmica, acentua um tempo fixo do compasso independentemente da unidade sintática ou de sentido do verso.

A letra intima – e a aceleração intensifica essa intimação – o "cabeludo" a entrar no ritmo, a pegar a voga. Originalmente esse é um termo da marinha usado para acertar a remada de alguma embarcação, daí derivado para qualquer ritmo que se imprime em uma atividade. O desafio, que na embolada envolve ofensas pessoais para se ganhar, na canção parece certa encenação em que a voz principal cede espaço para que outros presentes façam uma improvisação: pede-se em tom de provocação para o guitarrista "cabeludo" demonstrar sua técnica enquanto a voz parece duvidar e o "ofende" da mesma forma que o técnico de gravação havia "ofendido" os músicos inicialmente; o baterista Dirceu, que faz a improvisação no começo de *Tropicália*, é também intimado a improvisar um discurso; o produtor do disco, Manuel, é intimado a parar de encher etc. A gravação com as falações de fundo continua até o técnico de som mandar terminar no mesmo tom "agressivo" do início, pois o tempo – provavelmente o rolo de gravação – estava terminando.

A embolada, que remete a uma escolha popular do compositor, aparece transfigurada apontando as mediações necessárias na realização de um LP e, ao mesmo tempo, intimando o "cabeludo", que no folclore urbano da década de 1960 é o que se pretendia "fora do sistema", a pegar a voga, o ritmo acelerado da batucada que pressupõe técnica, estudo, pelo que a voz deixa entrever. Não tem oposição real, conflito, na canção – o travamento da embolada – as ofensas são simpáticas, realizadas dentro de um clima de divertimento, ou certa sociabilidade construída para que todos exibam suas qualidades. O componente mais áspero do popular, nessa medida, é aplainado e se transforma em uma espécie de encenação de estúdio em que o funcionamento do improviso não é muito diferente do papel que esse tem no jazz, onde os espaços estão em grande medida demarcados.[19]

*

Ele falava nisso todo dia, começo do lado B, tenta caracterizar os principais opositores do tropicalismo, os "estudantes de esquerda" – mais a linha dura do samba – e o conservadorismo "pai de família", fundindo-os, em certa medida, pelo que a construção do personagem parece indicar. A música traz certo orientalismo no arranjo – um elemento a mais de provocação já que isso remetia às experiências que os Beatles faziam na época – como em *Eles* de Caetano Veloso, que, também, na tentativa de caracterização dos opositores do tropicalismo mescla a autopreservação do "pai de família" com a perspectiva temporal praticamente sem presente – ou organizada em função de um amanhã salvador[20] – do militante de esquerda, ou pelo menos daquele que aparece como ouvinte ideal das canções de protesto.

---

19 ADORNO. T. "Moda sem Tempo: O *Jazz*". *RCB*, ano III, n. 18, mar.-abr. 1968.

20 Ver neste estudo, última análise do segundo capítulo.

A canção de Gil conta a história de um rapaz de 25 anos, casado e com uma filha, preocupado, ou obcecado, com o futuro. O pai de família jovem, não de meia idade como seria mais comum, e o arranjo provocativo carregam de maneira velada, salvo engano, o outro lado do personagem – o estudante de esquerda que ouve e canta canções que suspendem o presente e prometem a realização da vida no futuro. A preocupação do jovem pai de família cresce até o momento em que ele decide fazer um seguro de vida e morre atropelado em frente a essa companhia onde assinaria, ou assinou, a apólice. A preocupação com o futuro era tanta, ao que indica certa moral de fundo da canção, que levou à morte prematura do rapaz.

Ele falava nisso todo dia constrói uma situação narrativa que é exceção, ou no mínimo minoria, dentro das canções tropicalistas. A primeira pessoa que configura uma voz em uma relação mais imediata, ou aparentemente mais imediata, com a situação criada é substituída, novamente como em *Eles*, por uma espécie de narrador que expõe e julga, com certo sarcasmo até, as escolhas e preocupações do rapaz. Só que de forma diferente da canção de Veloso – que cria essa aparente distância para em seguida misturá-la a certa enumeração ligada ao senso comum a ponto de se tornar difícil estabelecer os limites entre a perspectiva crítica do narrador e seu conformismo, com algum aproveitamento crítico nessa exposição das falsas distâncias e dos falsos limites –, a música de Gil elabora um narrador mais seguro de seu julgamento que apresenta a história da morte prematura do rapaz de 25 anos, pai de família com filha para criar, com certa ironia, com aparente distância e, até, alegria.

Um canto com tonalidades religiosas – que, novamente, alude às experiências dos Beatles com a música oriental – inicia a canção que mescla esse orientalismo com outra tradição religiosa, a do cristianismo:

38   CARLOS PIRES

"Alaiá, alaiá, alaiaaleluia". Gilberto Freyre, comentando as formas religiosas no país, comenta a falta de contorno que essas apresentam em relação às outras esferas da sociedade, ou, em suas palavras, "o cristianismo aqui é antes uma liturgia social que religiosa".[21] A canção de Gil em alguma medida indica essa falta de especificação, ou falta de diferenciação dos lugares sociais. As "ideias modernas", aqui, ou o desejo de modernidade, muitas vezes sem os lastros de origem, convivem e se misturam a outras ideias, religiosas ou não, em um estranho rito social. O canto "religioso" aparece na canção com um som percussivo que lembra, ou é, o de uma máquina de escrever – um símbolo da modernidade do começo do século XX, que na canção remete às experiências sonoras de Rogério Duprat. O canto – e o rito – que mescla uma religiosidade em certa medida indefinida com elementos de música contemporânea deságua em uma aleluia, um cântico de alegria da liturgia cristã relacionado, entre outros fatores, à ressurreição de Cristo. Não deixa de ser irônica essa escolha que servirá de moldura para uma narrativa em que o excesso de autopreservação leva à morte, quase o oposto da narrativa cristã em que o desprendimento progressivo das questões materiais leva, encurtando e simplificando um pouco a história, à ressurreição.

O arranjo também remete aos Beatles na maneira como mescla música orquestral, dando ênfase à construção narrativa, com coros ligados à tradição do rock e da música comercial americana e europeia.

A ironia em relação a uma temporalidade que encontra as contradições resolvidas em um futuro mágico – a alusão à aleluia ganha, como dito, forte teor sarcástico nesse contexto – não deixa de remeter a uma situação possível de se verificar na experiência da época. Muitas músicas, inclusive algumas de Gil do disco anterior, cantavam esse

---

21   FREYRE, Gilberto. *Casa-grande & senzala*. Rio de Janeiro: José Olympio, 1966, p. 29, 30.

FRIO TROPICAL: TROPICALISMO E CANÇÃO POPULAR 39

futuro que iria redimir todos os males em uma espécie de rito social que se realizava nos modernos meios de comunicação – televisão principalmente –, que veiculavam a música popular e outros novos produtos culturais que se naturalizavam na experiência material urbana.

*

Procissão, a próxima canção do LP, é uma regravação da última música do disco anterior de Gil, *Louvação* (1967). A primeira versão acontece dentro da outra perspectiva de popular, como discutido antes. Ela começa, na gravação lançada em 1967, apenas com vozes entoando um cântico em clima de procissão:

> Meu divino São José
> Aqui estou em vossos pés
> Dai-nos chuvas com abundância
> Meu Jesus de Nazaré

O resquício dessa melodia permanece, ainda na versão de 1967, em um sopro que retorna algumas vezes até finalizar a canção. O andamento é mais lento, acompanhado por violão e uma percussão discreta. A voz mantém a centralidade em relação ao arranjo, dentro de certa reverência à ideia de popular. A letra, porém, quebrava, em certo sentido, a fé total, abrindo nela algumas brechas mais ou menos na direção em que Luiz Gonzaga fazia em algumas canções. A fé religiosa da voz permanece, mas certos questionamentos em relação à miséria de boa parte da nação e a naturalização dessa miséria são colocados:

> Se existe Jesus no firmamento
> Cá na terra isso tem que se acabar
> (...)

Eu também estou do lado de Jesus
Mas acho que ele se esqueceu
De dizer que na terra a gente tem
Que arranjar um jeitinho pra viver

Esse jeitinho, no entanto – se pegarmos a canção que dá título ao LP de 1967 –, é louvado em algumas direções que apontam em sentido distinto à autopreservação do pequeno burguês que se tenta esboçar criticamente em *Ele falava nisso todo dia*:

Louvo a esperança da gente
Na vida, pra ser melhor
Quem espera sempre alcança
Três vezes salve a esperança

Louvo quem espera sabendo
Que pra melhor esperar
Procede bem quem não para
De sempre mais trabalhar
Que só espera sentado
Quem se acha conformado

Louva-se ainda a vida em família e o dia em que a justiça chegará:

O dia certo e preciso
De toda a gente cantar

Daqui é possível medir parte da distância ideológica – e, talvez, da rápida transformação daquela realidade – que separa os dois LPs que, no entanto, têm aproximadamente um ano de diferença. *Procissão*, porém, é regravada dentro do contexto do disco de 1968. O novo arranjo é limpo do tom de procissão religiosa anterior e, em certo sentido, da chave popular em que estava. A nova chave, no entanto, é "pop": o andamento é acelerado, um solo de guitarra faz contraponto a um coro dos Mutantes imitando com algum humor as vocalizações dos conjuntos vocais e de rock estrangeiros: "Badabadaua uóp". A letra e melodia da canção continuam próximas do disco anterior, os sopros que ecoavam o "Divino São José" na versão anterior são substituídos pela guitarra e pelo coro dos Mutantes. O tema da canção relacionado a um mundo rural com sua tradição religiosa específica pode servir, aliás como quase qualquer outro, para o novo contexto pop, o que lança uma luz de inverdade, crítica até, nos dois momentos – ao mesmo tempo em que captura certa aura religiosa daquele universo para a "nova" modernidade das mercadorias culturais, ou para essa atualização do rito cultural-social do país.

*

A próxima canção, *Luzia Luluza*, começa com sons urbanos, latidos, buzinas, um motor de carro e o barulho do mar. Isso se desenvolve até o momento em que entra, somando-se à sonoridade anterior, um piano – ou uma corda – que ataca repetitivamente a mesma nota na mesma intensidade enquanto um baixo toca duas notas no primeiro tempo de um compasso que se arma nas quatro notas repetitivas do piano. A segunda nota do baixo se prolonga até o começo do próximo compasso quando repete o padrão anterior com um intervalo mais curto. Quinta e terça se alternam nessa segunda nota enquanto a corda mantém a regularidade e um prato de bateria, ou um chimbal, marca a cabeça e o meio do compasso. Nesse contexto de barulho de cidade e uma estrutura de canção sobreposta entra a voz cantando próxima à fala, forçando a atuação de um cansaço.

42   CARLOS PIRES

> Passei toda a tarde
> Ensaiando, ensaiando
> Essa vontade de ser ator
> Acaba me matando

Ao final do primeiro verso uma melodia que estava espaçada no compasso, provavelmente de outro piano ou de um xilofone, começa a se desenhar. A estrutura da composição muda em seguida, a nota do piano que se repetia nos quatro tempos do compasso fica mais aguda atacada da mesma forma e o baixo realiza o mesmo desenho em um ponto mais grave da tessitura. O prato passa a soar deslocado entre o terceiro e quarto tempo e a nota aguda de piano ou xilofone acompanha a cabeça do compasso repetindo a mesma nota. Cordas e sopros se insinuam nesse momento marcando a mudança da composição

> São quase oito horas da noite
> E eu nesse táxi
> Que trânsito horrível, meu Deus.

Quando é cantado "que trânsito horrível" o som de cidade – e de trânsito – que continuava ao fundo é abandonado ao mesmo tempo em que o piano repetitivo desaparece e o baixo muda o seu desenho ficando ritmicamente próximo à marcação que a batida repetitiva fazia. As cordas se insinuam, acompanham o baixo enquanto um sopro entra ecoando o nome da amada que é cantado no fim dessa primeira progressão:

> E Luzia, e Luzia, e Luzia

O prato marca o final de cada repetição do nome. Um efeito de atraso – conhecido como *reverb* – é progressivamente colocado na voz, o que gera uma sensação de pulverização que reforça a ambiguidade de Luzia. Esta pode ser também o verbo luzir – emitir luz, irradiar claridade, brilhar – e aparece no momento em que a música clareia, em que os sons urbanos que de certa maneira sujavam a composição desaparecem e os elementos repetitivos, compulsivos até, ficam mais suaves por se deslocarem para partes mais graves da tessitura. A composição se transforma novamente, prepara o que será cantado em seguida quando prolonga, para a letra entrar, um som que se repetia nos quatro tempos do compasso:

> Estou tão cansado mais disse que ia
> Luzia Luluza está lá, me esperando

A preparação para os versos logo retoma, no ataque ao violino, certo caráter repetitivo de maneira mais suave. Ao final do prolongamento da última palavra do segundo verso, a forma de ataque muda novamente, uma melodia ligada de violino ascende às partes agudas da tessitura. O violino continua tocando melodias ligadas enquanto o arranjo recompõe de forma sutil o desenho do início, sem o prato, com o piano marcando os quatro tempos e o baixo.

> Mais duas entradas, uma inteira, uma meia
> São quase oito horas, a sala está cheia
> Essa sessão das oito vai ficar lotada

No último verso, em que certo caráter afirmativo se imprime com a melodia descendente, uma nova mudança adiciona certa euforia fácil de festa popular – com uma caixa de bateria, uma flauta e sopros – à da voz e à informação de que a "sessão das oito vai ficar lotada". Essa estrutura transforma a anterior, tira a repetição da nota de piano – a caixa rouba de certa forma esse papel. O violino muda sua característica e começa a fazer contraponto rítmico à caixa, os sopros de orquestra tomam o centro.

> Terceira semana
> em cartaz, James Bond
> Melhor pra Luzia,
> não fica parada
> Quando não vem gente ela fica abandonada

O último verso se aproxima do desenho melódico daquele que termina a parte anterior, descende na tessitura. Muda, dessa forma, a estrutura dos versos curtos com variações melódicas menores. Outra transformação no arranjo, os elementos anteriores somem e uma repetição aguda de violinos que remete aos efeitos usados nos filmes de suspense passa a marcar os quatro tempos do compasso. O baixo e o sopro se deslocam ao fundo enquanto uma gravação de um programa de rádio em que um apresentador comenta uma carta de uma ouvinte procurando alguém para se relacionar entra no arranjo adicionando a ele, novamente, elementos que não são estritamente musicais. Isso ao mesmo tempo em que a voz continua a canção:

> Naquela cabine do cine Avenida
> Revistas, bordados, um rádio de pilha
> Na cela da morte do cine Avenida
> A me esperar

No terceiro verso, a repetição com efeito de filme de suspense se desloca para um lugar mais grave da tessitura e desaparece em seguida, causando uma distensão rítmica que rouba os pontos de apoio da canção. Essa passa a soar mais solta no mesmo momento em que a letra aponta para uma transição do "real" à fantasia que já havia se insinuado no deslocamento da cabine para a cela da morte do cine Avenida – ou do trabalho diário para a ação dos filmes de espionagem, mantendo o dado mortífero daquele. Os elementos de realidade, ou cotidianos, da letra – reforçados, inclusive, por materiais sonoros não estritamente musicais, os sons urbanos e o programa de rádio – passam a migrar para um delírio da voz ligado ao universo do cinema. O cansaço de um cotidiano esvaziado que a voz demonstra na interpretação e no que diz ergue-se em outra lógica em que a ficção cinematográfica, ou certa duplicação que grande parte dos filmes opera em relação à realidade, ganha o centro. A vontade de ser ator que acabará matando a voz, como ela dá a entender, já configurava uma espécie de eu lírico que se esforça, talvez pelo ofício, em se desacostumar em relação a própria subjetividade. O real parece opaco, à exceção da amada, Luzia, que merece o esforço de atravessar o trânsito e o cansaço. A transição da "realidade" à ficção se dá nesse momento de aparente distensão do arranjo em que a nota repetitiva praticamente desaparece e retorna do fundo da música até ficar presente novamente no segundo verso – como no momento anterior do começo –, quando o tempo de produção das mercadorias culturais se sobrepõe ao tempo da escolha da voz para o casamento:

No próximo ano nós vamos casar
No próximo filme nós vamos casar

Nova transformação no arranjo, a nota repetitiva desaparece e um novo clímax se prepara dentro do mesmo compasso, enquanto as antecipações de um futuro promissor se colocam em ritmo de presente, ou como um futuro que certamente se tornará presente:

Luzia Luluza, eu vou ficar famoso
Vou fazer um filme de ator principal

46 CARLOS PIRES

> No filme eu me caso com você Luluza
> No carnaval

O clímax se acelera no penúltimo verso com violinos e sopros até o momento em que o carnaval é anunciado. O arranjo com a caixa de bateria imitando festa popular, que apareceu antes com um sopro agudo e sopros graves, retorna e assume, novamente, o centro:

> Eu desço de um táxi, feliz, mascarado
> Você me esperando na bilheteria
> Sua fantasia
> é de papel crepom

Isso até o penúltimo verso quando há nova modificação. A caixa para preparando o último verso e o arranjo se recompõe, com a nota marcando os quatro tempos quadrados com o baixo, enquanto violino e flauta se alternam no compasso até se encontrarem. A parte final é, então, cantada:

> Eu pego você pelas mãos como um raio
> E saio com você descendo a avenida
> A avenida é comprida
> E termina na areia
> Na beira do mar
> E a gente se casa
> Na areia Luluza
> Na beira do mar
> Na beira do mar

O imaginário do cinema ainda organiza a cena, acontece uma espécie de *traveling* – efeito intensificado pela repetição insistente do "é comprida" pela vocal de fundo – com um homem e uma mulher correndo até o mar, construção que remete ao *traveling* final de *Deus e o Diabo na terra do sol* de Glauber Rocha. O arranjo, que estrutura a maior parte da música, vai ficando ao fundo na medida em que a repetição do "é comprida", que acontece com um vocal que fica recuado em relação à voz principal, encobre e diminui aquele caráter compulsivo, imprimindo outro caráter à repetição. Isso somado aos instrumentos de sopro e às cordas que se movem do fundo até quase o lado da voz com certa liberdade que configura o clímax final nos versos "Na beira do mar". No prolongamento da vogal final do último verso, os sons urbanos do começo da canção retornam.

O delírio que se ergue contaminado pelos elementos daquela realidade imediata – o personagem desce do táxi, provavelmente o que estava, para pegar a amada no seu local de trabalho – toma de tal forma o centro que a canção se resolve dentro dele, sem um aparente retorno à outra realidade opaca do começo. A ficção – e o delírio –, ao o que tudo indica mais ágil e atraente, se monta como uma fuga do cotidiano que curiosamente leva ao mesmo cotidiano[22] como um eterno retorno pelo que se depreende dos barulhos

---

22   "[em relação a fuga do cotidiano] A indústria cultural volta a oferecer como paraíso o mesmo cotidiano." ADORNO, T.; HORKHEIMER, M. *Dialética do esclarecimento*. Rio de Janeiro: Zahar, 1985, p. 132. Parece que alguma forma de delírio precisa roubar e apagar – ou mesclar – a base da duplicação. O cinema não é apenas a continuação da rua – duplicação dessa. Parece que essa direção em certa forma se invertia no país daquele momento – o "real" é uma espécie de continuação da ficção. A ficção do padrão americano – e da indústria cultural – não encontra o referente "real" como lá – o que faz com que a duplicação se dê sobre o que era a duplicação de lá, o que gera uma abstração de uma abstração (retomando em alguma medida a clássica explicação de Roberto Schwarz para esse contexto histórico em relação a esse aspecto). A ficção cinematográfica – e a modernidade – pode ser a salvação, religiosa em um grau muito maior do que lá, que origina na canção um delírio escapista sem volta ao "real". Essa duplicação, que os autores alemães apontam no funcionamento da indústria cultural,

48 CARLOS PIRES

urbanos que iniciaram a canção e a finalizam quase da mesma forma. O travo compulsivo do arranjo parece reverberar na estrutura narrativa na medida em que essa se duplica internamente e perde a origem da duplicação, ou dizendo de outra forma, ficção e realidade são cindidas de tal forma que aquela acaba invadindo essa a ponto de promover uma mescla em que a rigor não se tem nem uma coisa nem outra, apenas traços de certa repetição melancólica de clichês. A maneira como o elemento musical repetitivo aparentemente desaparece continuando em uma forma suave que quase o dilui e retorna como que "brotando" do fundo da composição para assumir o lugar que na verdade não deixou, se assemelha em alguma medida à estrutura da voz que na sua tentativa de fuga do cotidiano acaba encontrando quase o mesmo cotidiano na forma de um delírio brilhante. A voz, como aquela em *Frevo rasgado*, parece ter certa necessidade de adestramento da subjetividade – "a vontade de ser ator" – de modo que possa se desacostumar dela própria para buscar de forma ágil, e mais reflexa, seu lugar nessa brilhante "realidade" externa e pré-configurada que grande parte da produção cinematográfica promete como padrão de felicidade. A duplicação que perdeu o lastro do "real" mais próximo como referente – como de certa forma acontece no tratamento ao ideário popular nesse LP em relação ao anterior de Gil – usa a forma do delírio forjada em uma fatura leve – por ser algo já descolado do real anteriormente o que se tenta imitar –, que é conseguida com a organização dos materiais sem que tragam o peso, ou a "sujeira", da sua lógica de organização interna. Opacidade, cansaço e outras "impurezas" cotidianas sofrem uma espécie de "purificação" ao longo da canção para que a

---

aqui parece precisar de uma mitologia específica – uma maior "unidade" nessa chave híbrida, ou um revestimento mágico mais espesso.

FRIO TROPICAL: TROPICALISMO E CANÇÃO POPULAR   49

música levante voo na adesão quase total ao delírio do filme/vida no final. Os elementos precisam ficar mais soltos e leves na superfície da composição para que de alguma forma essa duplicação da duplicação aconteça como forma convincente. O travo compulsivo[23] e os elementos não "musicais" do arranjo não deixam de ser um sintoma interessante – e um contraponto à leveza e à "pureza" do delírio. Em outras palavras, a voz nega o "real" opaco do trânsito, do trabalho etc. e afirma um delírio brilhante que se dá sobre algo que já se mostra excessivamente abstraído e pré-formado – e em última instância "danificado", por isso que é negado. A próxima canção, *Pé da roseira*, parece continuar em direção semelhante.

*

Pé da roseira de certa forma inverte a situação narrativa criada em *Frevo rasgado*. A indiferença está na própria voz, não no outro que não correspondeu ao seu desejo. Quem fica perplexa é Maria – figura que remete, junto a João e José, à construção de um referencial popular pelo autor desde seu LP de 1967 –, que assiste seu amado, o eu lírico, ir embora sem entender o porquê. A voz, por sua vez, também

---

23   Sobre a repetição no âmbito psíquico e a burrice, tema que voltará do desfecho do LP de Tom Zé: "A burrice é uma cicatriz. Ela pode se referir a um tipo de desempenho entre outros, ou a todos, práticos e intelectuais. Toda a burrice parcial de uma pessoa designa um lugar em que o jogo dos músculos foi, em vez de favorecido, inibido no momento do despertar. Com a inibição, teve início a inútil repetição de tentativas desorganizadas e desajeitadas. As perguntas sem fim da criança já são sinais de uma dor secreta, de uma primeira questão para a qual não encontrou resposta e que não sabe formular corretamente. A repetição lembra em parte a vontade lúdica, por exemplo do cão que salta sem parar em frente a porta que ainda não sabe abrir, para afinal desistir, quando o trinco está alto demais; em parte obedece a uma compulsão desesperada, por exemplo, quando o leão em sua jaula não para de ir e vir, e o neurótico repete a reação de defesa, que já se mostrara inútil."(*Ibidem*, p. 240)

50   CARLOS PIRES

não entende o que aconteceu nem o que acontece, mas segue aneste-
siada levada pelo mundo – "que o mundo afinal me levava".

A música começa com uma batucada em que logo entra uma cor-
da com uma função estranha ao ritmo anterior, marca, como em *Luzia Luluza*, tempos e intensidades parecidos com a mesma nota dentro de um compasso com quatro tempos que se arma com um baixo dando quatro notas no primeiro tempo e um acorde, provavelmente de guitar-ra, com leve alteração harmônica no tempo do baixo e no outro tempo forte. Essa estrutura se repete enquanto a voz entra com uma provável voz guia[24] mal apagada ao fundo que gera um estranhamento a mais – uma espécie de duplicação da voz – na música já bastante incomum:

> O pé da roseira murchou
> E as flores caíram no chão
> Quando ela chorava, eu dizia:
> "Tá certo, Maria
> Você tem razão"
> Quando ela chorava, eu dizia:
> "Tá certo, Maria
> Você tem razão"

Essa é uma ciranda que seu pai cantava que revelará seu sentido dentro da história amorosa da voz quando repetida ao final – tam-bém em uma construção cíclica intensificada com, além da própria ciranda, a circularidade das células rítmicas e da disposição delas na composição. Com leves alterações no desenho melódico das notas

---

24 Muitas músicas são realizadas em torno de uma voz com um acompanhamento sim-ples que ao final da gravação é descartada com as sobreposições dos instrumentos e das vozes definitivas, isso que se costuma chamar voz guia. Na época as gravações eram feitas com poucos canais – no disco em questão 4 – que tinham tapes analógicos como suporte (GIL, Gilberto. *Ensaio geral*. PolyGram do Brasil, 1998)

dos baixos – que continuam soando na mesma intensidade, no mesmo lugar do compasso, e com os acordes que soam de dois em dois tempos com outras variações às vezes sugeridas pelo baixo – entra a segunda parte da letra:

> Maria chorava, eu fugia
> Sem ter nada mais pra dizer
> O amor terminado, e Maria
> Me via partindo, sem saber por quê
>
> Me via partindo e chorava
> Me amava e não podia crer
> Que o mundo afinal me levava
> E nada lhe dava o jeito de entender

O arranjo sofre em seguida uma mudança repentina, uma guitarra, ou uma corda, começa a tocar deslizando a mão no braço, elemento recorrentes na tradição do blues norte-americano e nas guitarras havaianas, criando um efeito de certa maneira irônico, já que a transformação acontece em um lugar agudo na tessitura com as notas mudando a forma de ataque, escorregando de uma a outra como que zombando da voz na sua quase imitação melódica. Isso acontece com a transformação do ritmo, a bateria é tocada com uma condução constante e o aro do prato é atacado livremente, à maneira da estilização da bossa-nova – ou sem um lugar determinado no compasso – e o baixo na sua forma "tradicional", ou, dizendo de outra maneira, promovendo melodias que dão suporte, rítmico principalmente, à música ao longo dos tempos dos compassos – diferente das quatro notas que se repetiam, como antes, apenas no primeiro tempo. Nesse contexto entra o que é aparentemente o momento de maior autoconsciência da voz:

Eu também não compreendia
Por que terminava um amor
Nem mesmo se o amor terminava
Só sei que eu andava
E não sentia dor

Os versos também se modificam: à maneira da corda tocada deslizando, os versos alongam as vogais e aumentam os intervalos no desenho melódico que realiza, características que remetem ao samba-canção passional,[25] vertente considerada, por grande parte da MMPB da época, de mau gosto, e que os tropicalistas usaram como matéria para algumas composições. A voz diz não entender por que o amor por Maria terminou e, em seguida, que isso não causava qualquer dor, apenas um deslocamento anestesiado – "só sei que eu andava e não sentia dor". O arranjo retorna, da mesma forma repentina, ao seu momento anterior com as pequenas variações nas quatro notas do baixo e no "acorde":

Me lembro na porta da casa
Lá dentro Maria chorava
Depois, caminhando sozinho
Lembrei da ciranda que meu pai cantava
Depois, caminhando sozinho
Lembrei da ciranda que meu pai cantava

E, por fim, volta-se à organização do começo. A canção termina como começou:

O pé da roseira murchou
E as flores caíram no chão

---

25   Sobre essa assunto, ver a análise de *Onde Andarás* no próximo capítulo.

> Quando ela chorava, eu dizia:
> "Tá certo, Maria
> Você tem razão"
> Quando ela chorava, eu dizia:
> "Tá certo, Maria
> Você tem razão"

Pé da roseira é uma canção que tem como centro o fim do amor. Em seu disco anterior, *Louvação* (1967), Gil também tem uma música em que o amor é tematizado e Maria aparece como a musa para a qual a canção é destinada. A voz em *Maria*, título da canção de 1967, pede para a amada perdoá-lo por não enxergar sempre nela flores e cores e por "ver em seus olhos a tristeza cinzenta das tardes sem sol". Isso até pedir para que ela não se zangue e para que aprenda "uma coisa tão simples" que a voz tem a dizer:

> Nem todas as flores são flores
> Nem toda beleza são cores
> Você não sorri como a flor
> Mas nem sei se na flor
> Há o amor
> Que existe em você

É curiosa a diferença de perspectiva em relação ao amor que tem como centro Maria, nome que é importante referência na construção do imaginário popular na época. No LP de 1967 toda preocupação é em conseguir o perdão de Maria, e o esteio desse perdão, ainda que por vias que negam uma idealização excessiva, está no amor. A pobre musa popular não tem um sorriso alegre e em seus olhos a voz só enxerga "A tristeza cinzenta das tardes sem sol". A situação narrativa é construída na base do diálogo da voz com Maria de forma que o ouvinte assiste a um pedido de perdão. Já na canção de 1968 os apoios desaparecem – nem Maria, nem a voz conseguem entender por que aquilo estava acontecendo –, a voz dá a razão à Maria – "Tá certo Maria, você tem razão" –, mas parece a razão pelo sofrimento, ou pela falta de sentido e não a razão do amor acabar, já que as coisas acabam e morrem, pelo que se depreende da ciranda, sem que se possa muitas vezes dar qualquer tipo explicação. A situação narrativa muda significativamente em *Pé da roseira*: a voz parece relatar a um ouvinte a separação com Maria. Apenas quando entra a ciranda a voz se dirige na forma de discurso direto à ex-amada. Certa resignação, que a ciranda endossa, parece presente na medida em que a tentativa de acordo ou a busca de explicações, que havia na canção de 1967, não têm espaço, já que o mundo leva a voz e ela vai de certa maneira aparentemente conformada e sem sentir dor. Esse "sujeito-mundo" parece o responsável pelas decisões e escolhas da voz, mesmo funcionando da perspectiva de Maria, ou como objeto do verbo "crer" que tem Maria como sujeito sintático[26] pois a voz também não compreendia "Por que terminava um amor". Na sua caminhada solitária e sem sentido, como de certa forma o "Eu vou" indeterminado de *Alegria, alegria*, lembra da canção que o pai cantava e, como dito, retorna ao início repondo na estrutura da composição a circularidade da ciranda.

O amor que era mais forte na canção de 1967 do que toda a opacidade da musa popular e que funcionava como uma verdade simples para a voz que redimia tudo aquilo que Maria não possuía, na canção de 1968 se mostra como algo, nessa forma terminal, sem qualquer força em relação ao mundo, como uma marca de impotência que se faz

---

26   Me via partindo e chorava
      Me amava e não podia crer
      Que o mundo afinal me levava

necessário abandonar sem dor em busca, talvez, de uma musa mais brilhante. O delírio na canção em que a quase literalmente musa brilhante – Luzia Luluza – é o centro parece a direção em que o mundo puxa, ou empurra, a voz.

*

Domingo no parque, que apareceu, como dito, em 1967 junto a *Alegria, alegria* de Caetano Veloso no III Festival da Canção, começa com uma abertura grandiosa de orquestra que rapidamente se encolhe e se funde a barulhos, ao que parece, de um parque de diversão. Aos poucos, dentro dos barulhos e com o desaparecimento da orquestra, um elemento com sonoridade popular começa a se destacar e passa a organizar o ritmo: três ataques e uma "pausa" no último tempo fraco em que soa um trombone, que se repetem duas vezes na mesma nota e duas um tom abaixo. Na segunda repetição no tom abaixo, a nota soa, com o mesmo ataque, por sete tempos e o oitavo – que cai no tempo fraco final – é novamente marcado pelo trombone. Essa estrutura que se repete por duas vezes progressivamente ascende em intensidade enquanto os barulhos do parque diminuem. Ela prepara, no intervalo melódico de um tom, a entrada do berimbau que é, ao que parece, o elemento musical organizador da composição. Os instrumentos da orquestra começam, ou voltam – enquanto o barulho de parque desaparece – a tocar imitando o desenho melódico e rítmico que o berimbau realiza até que esse finalmente entra somado àqueles e a um instrumento de corda, um baixo provavelmente. Depois de três repetições, entra a voz com o contraponto vocal – o *ê, José/ê, João* – feito pelos Mutantes.

> O rei da brincadeira – ê, José
> O rei da confusão – ê, João

> Um trabalhava na feira – ê, José
> Outro na construção – ê, João

A caracterização dos dois atores, após a indicação do provável traço central da personalidade de ambos, quase uma perífrase, é profissional: José trabalha na zona limítrofe entre a rural e a urbana e João trabalha na cidade. "Trabalhava (...) na construção" parece fortemente indicativo de um contexto urbano, enquanto a "feira" traz fortes resquícios de uma organização social pré-burguesa – ainda mais no fim da década de 1960. De qualquer maneira, dois lugares distintos do mundo do trabalho são usados como caracterizadores de João e José logo na abertura da música, o que pode não ter sido intencional, mas está na canção.

O narrador parece, ao usar o pretérito imperfeito, contar algo do qual conhece o desfecho. O arranjo prepara, com a suspensão do ritmo que o berimbau imprimia, o começo da narrativa que se desloca para a esfera do lazer:

> A semana passada, no fim da semana
> João resolveu não brigar
> No domingo de tarde
>
> Saiu apressado
> E não foi pra Ribeira jogar
> Capoeira
> Não foi pra lá
>
> Pra Ribeira foi namorar
>
> O José como sempre no fim da semana
> Guardou a barraca e sumiu
> Foi fazer no domingo um passeio no parque
> Lá perto da Boca do Rio

Foi no parque que ele avistou
Juliana
Foi que ele viu (2 vezes)

O arranjo se recompõe com o ritmo do berimbau ao centro só que um pouco mais suave, devido às texturas que os instrumentos de sopro e as cordas promovem, nesse momento da letra em que se passa, como dito, da esfera do trabalho à do lazer. Os versos nesse contexto musical e de começo de narrativa ficam longos, a melodia parece a serviço dessa apresentação da história que, em primeiro lugar, indica a mudança de plano na rotina de João – troca a briga, ou a capoeira, pelo namoro com Juliana – e, em seguida, a confirmação da rotina de José – guarda a barraca e "some" para o passeio no parque. Essa apresentação narrativa – e musical – é interrompida quando José avista Juliana com, ao que parece, seu amigo João. O arranjo se transforma – em, talvez, identificação ao possível estado de alma do feirante – na segunda repetição do verso "foi que ele viu" – o berimbau para de dar o suporte rítmico e a descrição dessa visão começa mais solta, em certo ambiente onírico que prepara a aparição em nível temático do sonho e da ilusão de José, com violinos na parte aguda da tessitura sendo atacados com notas curtas formando rápidas melodias agudas nos finais dos versos, enquanto cordas e sopros promovem texturas ao fundo.

Foi que ele viu

Juliana na roda com João
Uma rosa e um sorvete na mão
Juliana, seu sonho, uma ilusão

58 CARLOS PIRES

Os violinos se deslocam neste penúltimo verso para um lugar mais agudo da tessitura e preparam a reintrodução do berimbau no arranjo imitando seu desenho melódico. Os sopros fazem o mesmo no último verso e o berimbau retorna em seguida. Nesse ponto a letra, que cresce progressivamente em tensão junto à música, aponta para o que de certa forma são construções interiores de José – Juliana é sonho e ilusão – e essas vão determinar suas ações. Luiz Tatit chamou atenção para esse aspecto, talvez central para a narrativa, em análise dessa canção:

> As articulações passionais fornecidas pela letra aparecem então sob a forma de simulacros construídos pelo sujeito José (…) José (S_1) acredita que tanto Juliana (S2 e Ov) – que aparece em sua mente como alguém que sabe de suas (deles) intenções e que, portanto, está consciente de seu (dela) papel de objeto de valor – como João (S2) – que, como amigo, não poderia deixar de respeitar seus projetos pessoais – deveriam ser os primeiros a contribuir para manter (…) a sua união com o objeto de valor (…) Dificilmente compreenderíamos as atitudes posteriores de "José" fora dessa construção de simulacros.[27]

De qualquer maneira, a consciência da traição por parte de João e Juliana não é expressa. O narrador parece indicar, como mostra Tatit, que a traição aparece como um simulacro na mente de José que ganha, de forma violenta, a realidade e, de certa forma, acaba com ela. O sopro, como dito antes, faz uma preparação ao berimbau e esse retorna:

---

27 TATIT, L. *Análise semiótica através das letras*. Cotia: Ateliê Editorial, 2002, p. 161-162

Juliana e o amigo João

O espinho da rosa feriu Zé
E o sorvete gelou seu coração

No verso "O espinho da rosa feriu Zé", a melodia ascende na tessitura e encontra no seu momento mais agudo outros instrumentos que dobram a nota que ela alcançou enquanto a vocal de fundo repete o final do verso duas vezes. Em seguida, o último verso despenca até um lugar grave da tessitura, momento em que existe uma pausa que prepara a parte final em que o berimbau organiza a composição, o que acontece junto ao clímax narrativo. Os versos ficam curtos e com contraponto dos vocais dos Mutantes, "ô, José" e "ô, João", o que dá progressivamente – ao lado da intensificação do som do berimbau dado pelo baixo e a mudança do ataque dos outros instrumentos orientados pela circularidade que o ritmo entrou – o efeito de que as coisas começam a girar:

O sorvete e a rosa – ô, José
A rosa e o sorvete – ô, José
Oi, dançando no peito – ô, José
Do José brincalhão – ô, José

O sorvete e a rosa – ô, José
A rosa e o sorvete – ô, José
Oi, girando na mente – ô, José
Do José brincalhão – ô, José

Juliana girando – oi, girando
Oi, na roda gigante – oi, girando
Oi, na roda gigante – oi, girando
O amigo João – João

> O sorvete é morango – é vermelho
> Oi, girando, e a rosa – é vermelha
> Oi, girando, girando – é vermelha
> Oi, girando, girando – olha a faca!

A troca de lugar dos elementos que se repetem nos versos, aliada ao arranjo, e a forma como, em nível temático, o giro aparece – da roda gigante e da cabeça de José – criam uma espécie de transe que desemboca no puro giro – com a repetição do "girando" –, que ocupa o centro da ação que é apresentada pela voz de maneira distinta à que vinha se dando. Juliana gira na roda que por sua vez gira novamente e traz o amigo João, também em alusão aos movimentos circulares. O transe se constitui, também, pelos elementos que giram e contaminam – pelo deslocamento de certos aspectos constitutivos, a cor vermelha da rosa e do sorvete principalmente – a cena que prepara o sangue que é apresentado pela voz em um timbre diferente;

> Olha o sangue na mão – ê, José
> Juliana no chão – ê, José
> Outro corpo caído – ê, José
> Seu amigo, João – ê, José

O narrador perde de certa forma o fio narrativo organizado na medida em que diminui a distância com José até o ponto em que a ação se presentifica com falas que permitem deduzir em parte o que aconteceu. O ritmo narrativo impresso no começo – onde ações externas são descritas – é freado com a aproximação do clímax que promove a identificação do narrador com José até a ação se resolver em chave próxima ao drama – ou pelo que parecem vozes, não mais uma voz unificada como acontecia antes –, com o resultado da ação apontando para o futuro – o que em certa medida nega o lugar do narrador, que parecia, no início, contar um caso passado. O resultado da ação transcende, com a perspectiva futura, o homicídio passional e recai na esfera do trabalho que tinha sido abandonada nos primeiros versos:

> Amanhã não tem feira – ê, José
> Não tem mais construção – ê, João
> Não tem mais brincadeira – ê, José
> Não tem mais confusão – ê, João

O berimbau desaparece da composição, os versos se alongam nesse momento máximo de distensão do arranjo pontuados por uma corda grave e um sopro que toca uma melodia ligada na parte aguda da tessitura sobre cordas que ficam ao fundo.

Com o final da ação, com a morte e/ou o fim de todos, pelo que a letra insinua, a composição parece terminar. Mas a música dá uma última virada, a mais repentina, e retoma, do início, o arranjo orquestral que havia iniciado a canção e sido abandonado – agora, no entanto, com um solo de guitarra acompanhando. O desenho grandioso interrompido no começo continua e a voz se soma a ele entoando uma melodia – imitada pelos vocais de fundo com certo atraso – sem letra que remete a um estado de felicidade, euforia até, que contrasta com a tragédia que aconteceu segundos antes.

*

O LP começou sob o signo da confusão em *Frevo rasgado* – "foi quando topei com você/que a coisa virou confusão" – em uma festa popular, ou uma zona de amaciamento, como diria Gilberto Freyre. E termina em um homicídio passional em outro espaço de contato entre os estratos sociais do país. O narrador marca, como dito, na especificação profissional dos atores João e José, dois lugares distintos da esfera do trabalho, João na esfera urbana trabalhando na construção e José tendendo à rural, ou a uma zona de transição entre a rural e urbana, trabalhando como feirante. A diferença da confusão do início – em *Frevo rasgado* – é que essa se deu no âmbito subjetivo da voz que não entende a indiferença do outro que em festas anteriores estava tão perto, ou, como dito, a confusão não se externalizou. A voz rebate a indiferença do outro com certa indiferença mortificante já que não deixa os sentimentos aflorarem. Já em *Domingo no parque*, as construções subjetivas de José, ao que tudo indica, são suficientes para destruir a realidade que a contradiz. *Luzia Luluza* apresenta, por sua vez, o delírio da voz colonizado por elementos da indústria cultural – um grau maior de abstração em relação ao "real" do referencial popular anterior, como dito – ou, em outro plano, um certo modelo de relação com o "real" que nos termos da canção se coloca como certa "vontade" ambivalente "de ser ator". Essa estratégia "pop", ao que indica *Luzia Luluza*, parece crítica por assumir a cisão entre o sujeito e o real – não esconde ou dissimula essa fratura que é da própria matéria, como boa parte do popular nacional televisivo da época. Mas na hipertrofia dessa escolha erige a dimensão subjetiva de tal forma sem a oposição do real que a solução leva a canção a se resolver no próprio delírio que a voz cria. O adestramento da subjetividade parece ter que se dar ao ponto dessa deixar de "ser" subjetividade como, em certa medida, em boa parte da arte pop e se "torne" "pura" superfície – a figura pública fantasmática de Andy Warhol com seu ar *Blasé* é uma espécie de alegoria disso. A maneira como isso aparece efetivamente nas composições, como dito, é por meio de "abstrações de abstrações", ou clichês, que são dispostos na superfície das canções que levam as vozes a um papel muitas vezes flutuante na composição. Esse é o lugar da força, não pequena, e da fraqueza das canções.

O abandono da musa popular Maria em *Pé da roseira* parece apontar nessa direção, a voz vai para onde o mundo a leva, com certa indiferença – "só sei que eu andava e não sentia dor" – nessa espécie de atualização do referencial estético "popular". A explosão eufórica depois da tragédia também com características populares em *Domingo no parque*, quando a canção para de ter o berimbau como elemento – "popular" – organizador do arranjo e a orquestra do começo retorna com a guitarra elétrica e os coros, parece também apontar, com agressividade até, para essa necessidade de atualização, ou abandono mesmo, do "antigo popular" – que se deu em muitas canções tropicalistas tendo ele próprio como elemento de resistência. No momento em que esse "referencial pop", por falta de termo melhor, se "autonomiza" no plano da cultura nacional ou se torna um modelo dominante – de 1969, ou fim de 68, para frente, mais ou menos –, o país avança consideravelmente na profissionalização de seu meio artístico, o que gera, forçando um pouco as cores, uma situação em certa medida semelhante à de *Luzia Luluza*, a cisão que leva a uma diminuição do atrito com a realidade ao ponto de originar essa espécie bidimensional de delírio "cultural" "moderno" ou pós-moderno.

A maneira como a realidade negava as construções subjetivas do arcaico "popular rural" José, em *Domingo no parque*, leva esse a destruí-la. A tentativa fracassada de uma aliança nacional entre classes e setores distintos do país parece de alguma forma cifrada nessa canção na medida em que um elemento da cultura mais tradicional figurado em José se rebela – em função da musa Juliana, não mais Maria – contra outro novo, mais ou menos urbano, promovendo o fim de tudo – já que amanhã, construção temporal presente em muitas canções da época, como dito, não se terá mais feira, nem construção, nem mais nada. A violência pouco mediada de José que promove esse "fim de tudo" parece o obstáculo, segundo o travamento do disco, para uma sociabilidade mais urbana, mais "cool", se estabelecer no país. Muitas das canções do LP carregam questões nessa direção e parecem apontar para certa necessidade de neutralização dessa violência popular e das subjetividades. A *vontade de ser ator* parece trazer um centro comum para isso – e as traições, que acontecem em diferentes direções no LP e terminam no ambiente popular de *Domingo no parque*, devem estar em alguma medida imbricadas a essa "nova" relação com o "real".

CAETANO VELOSO (1968)

(...) e eu via surgir um aleijão[1]

A música *Tropicália*, que abre o disco *Caetano Veloso* (68), apresenta imagens diferentes entre si montadas de modo fragmentário. Esses traços são semelhantes à *Alegria, alegria*, marco inicial do tropicalismo, que veio a público – e causou surpresa por essas características – com a também de certa maneira fragmentária *Domingo no parque* no III Festival da Record em 1967. A música de Gilberto Gil, no entanto, apresenta em sua colagem de sons e imagens, como visto, uma narrativa de traição e vingança em um cenário popular que à medida que se aproxima do clímax da ação vai adquirindo traços dramáticos. Os pedaços de *Tropicália* não se articulam da mesma forma, a estranha justaposição de elementos dissonantes da realidade brasileira confere força à canção que funciona como uma espécie de introdução que irá reverberar ao longo do LP.

Como contrapeso à fragmentação existe a tentativa de totalizar um painel da nação, movimentar elementos suficientes, de tempos e

---

1 Depoimento do autor sobre seu LP *Caetano Veloso* (1968) (VELOSO, Caetano. *Verdade Tropical*. São Paulo: Companhia das letras, 1999, p. 183).

espaços diversos, todos estranhamente familiares,[2] que além de promover certa sensação de identidade, revelam, em contrapartida, o aspecto francamente postiço dessas imagens – e dessa identidade – que não poderiam, ao que tudo indica, habitar o mesmo espaço. Os versos e imagens parecem ter valores semelhantes e por trás dessa aparente ausência de hierarquia se estabelece uma trama que já na introdução apresenta seu anseio de marco de fundação nacional na paródia que é feita à carta de Pero Vaz de Caminha.

A música começa com um clima tropical kitsch – quase um cenário – com batuques e sons de "natureza" e com uma "falação" gaiata, a paródia à carta, feita pelo baterista que não sabia nada sobre a música.[3] Após esse improviso, integrado à composição pelo arranjador Júlio Medaglia, entra a canção cantada quase sem impostação, próxima à fala.

Dois ritmos bem marcados e contrastantes estão, também, justapostos no espaço da canção. O primeiro momento rítmico, mais tenso e circular, é dado principalmente pelo arrastar grave dos instrumentos de sopro, no começo, enquanto se canta a letra. O segundo, mais quebrado, com uma percussão sincopada que o caracteriza, é quando é cantado o refrão – ou os vivas – que em certa medida rouba a tensão anterior. Isso se mantém relativamente fixo, com certa diluição progressiva da parte tensa que aos poucos é transformada, mas preserva o arrastado, até esta ser praticamente engolfada pelo ritmo sincopado do refrão abolindo, praticamente, a dualidade inicial que organizava

---

2   Comentando o tropicalismo, Schwartz afirma: "a força artística [do Tropicalismo] lhe vem de citar sem conivência, como se viessem de Marte, o civismo e a moral que saíram à rua – mas com intimidade, pois Marte fica lá em casa". SCHWARZ, Roberto. "Cultura e política, 64-69". In: *O pai de família e outros estudos*. Rio de Janeiro: Paz e Terra, 1992, p. 74.

3   VELOSO, *Verdade Tropical, op. cit.*, p. 185)

FRIO TROPICAL: TROPICALISMO E CANÇÃO POPULAR 69

a divisão letra/refrão, promovendo uma mistura em que o momento dos vivas, ou do refrão, dá o tom. Dito de outra forma, existe um contraste bem marcado entre a parte escura, grave, que segura o ritmo por meio do arrastar de uma mesma nota – ou de uma melodia ligada – ao longo do compasso (por 7/8 dele) e a parte leve, sincopada, que aos poucos dilui o arrastado até se colocar como uma espécie de síntese problemática que "eleva" a música e faz com que ela "flutue solta" ao final – efeito que aparece em outras canções do disco e do autor: *Alegria, alegria, Clara, Baby* etc. A intenção de promover uma mistura entre essas duas partes distintas da canção parece uma das preocupações centrais do compositor ao que o primeiro título abandonado, *Mistura fina*, indicava.

Os quatro primeiros versos – "Sobre a cabeça os aviões, sobre meus pés os caminhões, Aponta contra os chapadões/meu nariz" – recortam um sujeito que parece se mover para onde seu nariz aponta, o centro do país – "Chapadões – referência ao centro oficial do país, mas também, metaforicamente, ao coração do Brasil".[4] O deslocamento acelerado inicial – presente em outras composições como *Alegria, alegria* – parece central para o efeito de atrito entre as imagens muito diferentes entre si. Os versos seguintes – "Eu organizo o movimento/Eu oriento o carnaval/Eu inauguro o monumento/No Planalto Central do país" – confirmam a direção e caracterizam aquele que se movimenta como um sujeito forte, empreendedor, que ao mesmo tempo *organiza, orienta* e *inaugura* atuando em três lugares distintos: movimento (político, cultural ou ambos), carnaval (festa popular) e monumento (esfera institucional). Esse sujeito transita por esses três espaços, do movimento político, que naquele momento histórico estava parcialmente na ilegalidade – o cultural não, vivia

---

4 FAVARETTO, Celso. *Tropicália: alegria, alegria*. São Paulo: Ateliê Editorial, 2000, p. 69

70 CARLOS PIRES

uma configuração bastante particular[5] –, ao carnaval e, por fim, à institucionalização no centro do poder, em chave de denúncia da adesão do intelectual[6] e do artista ao círculo dos poderosos, talvez inspirada pelo filme *Terra em transe* de Glauber Rocha.

O refrão dilui, em seguida, a tensão anterior na sua forma leve e sincopada, estabelecendo um contraste temático interno: um viva à bossa, um dos principais produtos da cultura nacional, e um viva à palhoça, revelador das mazelas sociais. A música volta preservando os elementos que seguram o ritmo – o arrastado – dando o centro e sustentando a tensão circular até o momento do próximo refrão. O "Eu" forte desaparece da letra – só retornará no final da canção em uma condição bem diferente – e começa a se desenhar a descrição de um monumento que acontece em duas estrofes que mantêm o contraste temático do refrão:

> O monumento é de papel crepom e prata
> Os olhos verdes da mulata
> A cabeleira esconde atrás da verde mata
> O luar do sertão

---

5   Em relação à situação política após o golpe militar de 1964, Schwarz comenta: "Entretanto para a surpresa de todos, a presença cultural da esquerda não foi liquidada naquela data, e mais, de lá para cá não parou de crescer [o texto foi escrito no final da década de 1960. Schwarz comenta, pouco depois, que os militares cortaram a relação dessa esquerda com os movimentos populares no campo e na cidade]" (SCHWARZ, *O pai de família... op. cit.*,1992, p. 65).

6   "O que se abala em *Terra em Transe*, é o traço de onipotência presente na ideia que o intelectual faz de sua intervenção na sociedade, seu papel de conselheiro-mor. Na recapitulação, o poeta está efetivamente no centro de tudo, mas o momento das desilusões de *Terra em transe* põe a nu as contradições do intelectual engajado num momento em que este toma consciência de suas ilusões quanto aos caminhos da história e quanto ao seu próprio papel no círculo dos poderosos". XAVIER, Ismail. *Alegorias do subdesenvolvimento*. São Paulo: Brasiliense, 1993, p. 64.

FRIO TROPICAL: TROPICALISMO E CANÇÃO POPULAR　71

O monumento não tem porta
A entrada é uma rua antiga, estreita e torta
E no joelho uma criança sorridente, feia e morta
estende a mão

Na primeira estrofe aparecem referências a um nacionalismo ingênuo e sentimental[7] montados ao modo de um carro alegórico – a descrição de um monumento que quer dar conta de representar a nação ganha o centro temático. A segunda parte da letra contrasta com a primeira de maneira ainda mais radical que o refrão: a acessibilidade ao interior do monumento está negada por não se ter uma porta, a não ser percorrendo um espaço fora do enquadramento oficial, "rua antiga, estreita e torta", que em muitos aspectos lembra a organização espacial do trabalho *Tropicália* de Hélio Oiticica, responsável pelo batismo da canção e do movimento – que por sua vez, ainda, apresenta a organização espacial de uma favela. Ao percorrer o trabalho de Oiticica, no entanto, chegamos a uma sala em que encontramos um aparelho de televisão, ao passo que ao percorrer o espaço proposto na canção descobrimos uma "criança sorridente, feia e morta" que estende a mão. É como se tivéssemos uma denúncia ao fundo que acha o elemento comum aos dois momentos das estrofes que até ali eram apenas diferenças: o reverso da artificialidade oficial, a autorrepresentação por meio do exagero que a nação faz de si no carnaval, por exemplo, é a contraface da miséria da maioria. O refrão-festa, a seguir, dilui a imagem da miséria se furtando ao contraste, os vivas são apenas aos elementos do nacionalismo sentimental, "positivos", da

---

7 "Catulo da Paixão Cearense de luar do sertão, os estilemas românticos – olhos verdes, cabeleiras negras – de José de Alencar e Gonçalves Dias". (FAVARETTO, *Tropicália... op. cit.*, 2000, p. 73-74)

primeira estrofe: "Viva a mata-ta-ta/Viva a mulata-ta-ta-ta-ta". O arranjo continua com os sopros graves fazendo o desenho de antes, mas um violino desenha uma melodia que rivaliza com sua centralidade que até esse momento era praticamente endossada pelos outros instrumentos ou barulhos. O violino – ou violinos – fica mais presente quando entra a "mão direita" na letra, comprometendo mais ainda a centralidade dos sopros, em uma tensão mais forte que será novamente diluída pelo refrão. A descrição, talvez do monumento, continua: agora é uma casa em que o destaque é seu pátio interno com uma piscina de água azul. A paisagem é tropical, nordestina, e está dentro da casa para uso particular. Público e privado trocam de lugar. O refrão, como Veloso revela em seu livro *Verdade tropical*, prolonga as vogais finais, *ia ia*, remetendo à forma como os escravos se dirigiam aos seus senhores, lançando uma luz particular à inversão acima.

A descrição a partir do verso "na mão direita…" ganha autonomia – com os pesos dos elementos do arranjo mudando em função das cordas – e ela, ou o monumento, se coloca em pé como um corpo em que as mãos direita e esquerda se contrapõem. A mão direita autentica de forma mítica uma eterna primavera, um eterno retorno do mesmo, com a nota negativa no longo verso final que termina praticamente falado ("E nos jardins os urubus passeiam a tarde inteira entre os girassóis"), enquanto o pulso esquerdo, pusilânime, imobiliza com seu maniqueísmo ("no pulso esquerdo bang-bang") o jogo político e se consola com o ritmo nacional, o samba. A provocativa caracterização dos grupos de esquerda dentro de um maniqueísmo ligado à indústria cultural norte-americana aparece em outros momentos do disco, como em superbacana, por exemplo, e só mostrará toda a amarração crítica – para bem e para mal – em *Eles*, música que termina o LP.

Os sopros que conferem circularidade à parte da letra perdem mais ainda sua centralidade em função dos barulhos e instrumentos

FRIO TROPICAL: TROPICALISMO E CANÇÃO POPULAR 73

agudos que promovem uma tensão ainda maior depois dos vivas à
Maria e à Bahia. O sujeito forte, desaparecido com a autonomia que
a descrição do monumento assumiu, reaparece de forma reveladora:

> Emite acordes dissonantes
> Pelos cinco mil alto-falantes
> Senhora e senhores ele põe os olhos grandes
> Sobre mim

O indivíduo que se deslocava em direção à Brasília – em, talvez,
uma referência a outras possibilidades de se constituir nos anos 1950
–, aquele que antes na canção *organizava*, *orientava* e *inaugurava*, vai
para uma situação bem diferente: passa à condição de observado por
um outro de "olhos grandes" dando uma satisfação aos ouvintes – da
canção e dos "cinco mil alto-falantes" – da posição acuada e para-
noica em que se encontra. Desloca-se, agora, da condição de sujeito
forte à de objeto de um olhar colocado sobre ele. Dessa situação, que
no limite coloca em cheque sua autonomia, o transcorrer dos dias
da semana recoloca-o no tempo cotidiano, repondo ironicamente a
circularidade que a música quase abandona nesse momento em que
a "mistura fina" efetivamente acontece. Isso depois da outra tentativa
de diluição do refrão-festa com os vivas à *Iracema e Ipanema*:

> Domingo é o fino da bossa
> Segunda-feira está na fossa
> Terça-feira vai à roça
> Porém

O "cotidiano" não se organiza no arranjo, porém, como antes
(tensão da letra/distensão do refrão), a distensão se espalha pela música, um pouco endurecida por uma percussão aguda que praticamente

74   CARLOS PIRES

marca o tempo – essa estava presente no refrão anterior, mas promovia uma acentuação rítmica diferente. O arrastado que estruturava a composição – e que é progressivamente diluído – perde essa sua característica, que conferia tensão à música, dando lugar a uma quase festa permanente que se espalha pelos dias da semana e vai aumentando em euforia com a elevação da música até o último refrão. No momento final se abandona, logo depois da entrada, a acentuação quadrada da percussão – como um metrônomo – e a sensação de elevação é intensificada ainda mais com os violinos ascendendo em direção às tonalidades agudas em uma espécie de clímax da música. A televisão marca o *Domingo*, organizando o cotidiano, no primeiro verso: *Fino da bossa*, como visto no capítulo anterior, é o programa que representava a música popular na briga contra a ameaça de invasão da música estrangeira.[8] A *fossa*, segunda-feira, marcava, como Schwarz especificou em seu conhecido artigo, um comportamento peculiar daquele momento histórico:

> Diante de uma imagem tropicalista, diante do disparate aparentemente surrealista que resulta da combinação que descrevemos, o espectador sintonizado lançará mão das frases da moda, que se aplicam: dirá que o Brasil é incrível, é a fossa, é o fim, o Brasil é demais. Por meio dessas expressões, em que simpatia e desgosto são indiscerníveis, filia-se ao grupo dos que têm "senso" do caráter nacional. [9]

---

8   Veloso, em seu livro *Verdade Tropical*, narra o episódio de organização da "Passeata contra as guitarras" em que, em análise arguta, percebe, na discussão entre produtores e artistas do *Fino da bossa* renomeado ali "frente única da música popular brasileira", o quanto "povo" e "nacionalismo" tinham àquela altura se convertido em mercadoria.

9   SCHWARZ, *O pai de família... op. cit.* (p. 76)

E terça-feira, a volta às origens rurais, ou para, talvez, a condição subdesenvolvida. O *porém*, dito depois da sequência dos dias da semana, permite duas leituras: em uma primeira, possibilitada pela articulação rápida da adversativa com o verso anterior e a pausa que ocorre depois de sua enunciação, muda a direção do sentido que estava se construindo do verso que começa com segunda-feira – e do anterior – ao verso que começa com terça-feira, colocando quase como inevitável a passagem final, e o eterno retorno,[10] à *roça* – à condição rural do país. E numa segunda leitura, possibilitada pelo lugar sintático do *porém*, a roça está articulada ao que vem depois, que pode ser melhor compreendido se acompanharmos a última transformação do sujeito:

> O monumento é bem moderno
> Não disse nada do modelo do meu terno

O esforço que parecia perdido é suspenso pela segunda leitura do *porém* que "positiva" o que vem depois da *roça*. O eu lírico aparece aqui pela segunda vez, depois de sua estreia potente no começo da canção, de forma tão reveladora quanto a anterior: não está mais acuado por um olhar, seu problema agora é bem mundano, quer saber se esse monumento inaugurado por ele que se autonomizou em um corpo social perverso, com o jogo político travado – na mão direita, na mão esquerda... – vai falar algo sobre seu terno. Sua preocupação se direciona inteiramente para a mítica da moda.[11] O desvio final se

---

10   Como se dissesse: por mais que façamos sempre voltamos à roça, ao atraso.

11   "A temporalidade da moda é a do inferno: ao mesmo tempo que cultiva 'a absurda superstição do novo' (Paul Valéry), ela é a eterna repetição do mesmo, sem fim, nem ruptura. Serve, então, às classes dominantes, de camuflagem para ocultar seu horror a qualquer mudança radical (Brecht)." LÖWY, Michael. *Walter Benjamin, aviso de incêndio*. São Paulo: Boitempo, 2005, p. 120.

76 CARLOS PIRES

completa na esfera do consumo e no jogo da aparência social com essa promessa de sujeito, problemática desde o início, se convertendo em mais um elemento – sem qualidade, sem interioridade – na relação que as mercadorias estabelecem entre si. É interessante a vergonha que resta em relação à própria história recente – Brasília, bossa--nova etc. – que ele ajudou em certa medida a fundar no movimento em direção ao centro da nação. No momento máximo de elevação da música, História, sujeito, nação etc. perdem sua substância e se convertem em puro valor de troca no mundo das mercadorias; "tudo mais vá[i] pro inferno", como aparece repetido duas vezes no trecho *Jovem Guarda* que em seguida finaliza a música.

Uma nova e estranha subjetividade, se é que dá para chamar assim, é fundada no processo da canção que figura a modernização que o Brasil passou do início dos anos 1950 ao fim dos anos 1960. A televisão marca esse momento terminal, mas desta vez pelo programa concorrente ao *Fino da bossa*, o *Jovem Guarda*, responsável pelos influxos internacionais que aquele combatia. O refrão-festa saúda por último Carmem Miranda, personalidade que ganhou a vida no exterior vendendo uma imagem do Brasil exótico para exportação e a banda, referência que cruza oficialismo militar e a música de Chico Buarque, vencedora do festival anos antes. Sobre esse momento da canção, Favaretto diz:

> Neste ponto, a carnavalização é declarada: "viva a banda/ Carmem Miranda" concentra a festa provinciana, a militar e a exportável, oficiais todas elas. Pela circularidade, Tropicália abre no final a possibilidade de uma volta ao seu início, da mesma forma ou com variações. Ela indica a trajetória crítica do tropicalismo, que desmonta a música brasileira, da bossa à banda.[12]

---

12 FAVARETTO, *Tropicália... op. cit.*, p. 78.

A pretensão da canção parece mais ampla que desmontar a música brasileira, atinge – ao que se pode depreender desta análise, caso correta – a própria transformação da subjetividade na transição de um sujeito forte que se acreditava capaz de tudo, impulsionado pelo processo de industrialização do país a partir dos anos 1940, a uma forma aparentemente estranha de "subjetividade" que se posiciona de forma esvaziada e festiva ao lado de outras mercadorias – bossa-nova, Brasília, Carmem Miranda, televisão, festivais etc. – como mera exterioridade no meio de outras, com certo prazer perverso em finalmente ocupar essa condição "moderna".

A música parece ter em seu desenvolvimento o abandono da circularidade inicial para a instauração de outra, como dito. O ritmo do refrão integra a "nova ordem" construída sobreposta à anterior. Quebra-se a organização em tensão/distensão e a nova "distensão" – que no plano da letra equivale a esse "sujeito" que assumiu essa forma leve, esvaziada – se espalha pela música até o final. A elevação associada à distensão equivale no plano temático a esse "sujeito"[13] sem lastro que pode flutuar e atravessar a realidade que, como ele, não tem mais qualquer princípio interno de organização que atrapalhe esse voo – como parece acontecer em certa medida também em *Alegria, alegria* e outras canções do LP e do autor.

A promessa de modernidade se realiza na canção como a justaposição dos fragmentos montando um painel da desintegração nacional em que o "sujeito" aí figurado se compraz, com certa ironia que não se coloca plenamente, em ser um pedaço flutuante dessa superfície quase sem espessura.

---

13 "Um sujeito só subsiste com a condição de poder fazer reconhecer sua singularidade". MELMAN, C. *O homem sem gravidade, gozar a qualquer preço*. Rio de Janeiro: Companhia de Freud, 2003.

78 CARLOS PIRES

*

A segunda música do LP, *Clarice*, tematiza a partida ou "o destino comum aos homens de sua terra"[14] – assunto recorrente na obra de Veloso até ali – por meio de uma personagem que fica na terra natal como uma espécie de enigma. É uma longa narrativa cantada lentamente em que a música funciona como clima, apoio, sem a relação entranhada com a letra que a canção anterior promovia. Clarice é uma menina que vive em um espaço rural, nomeado na hora da partida: Amaralina – o lugar confinado, em certa medida, ao pátio interno na música anterior. A menina sempre se recusou a mostrar o corpo e com o barco se afastando, levando o eu lírico, resolve, soluçando, se despir, imagem que fica como um enigma à voz. O corpo, sempre negado, se mostra apenas quando a partida está em curso, como uma maldição, uma impossibilidade de realização presente do desejo. A lírica lenta e romântica chega a ser um anticlímax depois de *Tropicália*, soa quase como uma provocação.

Na primeira parte da letra, acompanhada pelo violão, o eu lírico se remete a lembranças esgarçadas da sua infância em um meio rural, procurando alguém que foi apagado pelo tempo. Essa personagem aparece nomeada no refrão já como um enigma ao mesmo tempo em que o arranjo da canção muda: um ritmo que fica relativamente fixo dado por uma bateria e sons de violino espaçados nos compassos que ascendem na tessitura. Isso até o violino começar a tocar uma melodia ligada. O apagamento da memória da primeira parte – "há

---

14 "A obra de Caetano Veloso, até a ruptura metropolitana de *Alegria, alegria*, mostra-se a tal ponto impregnada pelo destino comum aos homens de sua terra (e que de certo modo é o do autor também) que praticamente todo o seu imaginário é referido a esse destino." GALVÃO, Walnice N. "MMPB: uma análise ideológica". In: *Saco de gatos*. São Paulo: Duas Cidades, 1976, p. 103.

FRIO TROPICAL: TROPICALISMO E CANÇÃO POPULAR   79

muita gente/apagada pelo tempo" – está permeado de imagens claras, a claridade excessiva parece ecoar a própria personagem que ainda não apareceu e que confere título à canção. Uma certa iluminação da memória, que rebate o apagamento anunciado, já carrega imagens que preparam Clarice. Uma construção temática em alguma medida semelhante – a relação entre a letra e o espaço musical, no entanto, é bastante diferente – está presente em outra música do álbum, *Clara*, que também tem como título um nome feminino.

Depois do refrão, que anuncia o enigma, a personagem é descrita como uma morena enquanto os sons espaçados continuam até o violino entrar tocando a melodia ligada, em uma inflexão do arranjo após o verso "de não ser quase ninguém", que coloca Clarice como alguém apagada pelo tempo. Ela é uma menina que acompanhava os meninos nas brincadeiras ligadas a um ambiente rural, mas tinha um comportamento em certa medida arredio que constituía seu mistério e uma diferença em relação àquele universo infantil descrito. Outro refrão tocado nos moldes do anterior e a letra prossegue caracterizando Clarice:

> tinha receio do frio
> medo de assombração
> um corpo que não mostrava
> feito de adivinhação

A personagem é descrita com o corpo sempre coberto, com recato, até o momento em que o eu lírico indaga o porquê dela guardar-se "assim tão firme, do coração". O arranjo, então, muda, outros instrumentos entram em uma transformação abrupta, acelerando a canção. Aparecem o soldado, o coronel e o padre em situação de reverência, talvez, a esse recato todo. Mas o padre, para expiar o pecado – do desejo por Clarice? – se penitencia com três novenas e uma trezena e o arranjo retoma a calmaria arrastada de antes. Clarice reaparece como a inocência – "Clarice era a inocência" – e se funde a uma memória mítica como modelo das lendas que contavam as avós. O refrão volta em molde semelhante aos anteriores e a música parece que acaba. Retorna, em seguida, com um violão dedilhado e um violino, na situação de partida do eu lírico da terra natal. Nesse momento, entre lágrimas, o corpo que era interdito é mostrado enquanto o barco se afasta e a imagem da nudez fica ao amado – a voz da canção – "por todo tempo que existisse" até que o "seu amor sumisse". Esse corpo que no seu recato virou modelo das lendas só pode ser desnudado no momento em que a realização do amor se torna impossível, em que o eu lírico parte, provavelmente para a cidade, como a posição da canção no disco parece indicar. A próxima música do LP, *No dia em que eu vim-me embora*, tematiza, também, a partida do eu lírico de um universo rural e o seu final parece preparar *Alegria, alegria* e uma organização da canção mais próxima à *Tropicália*. *Clarice* em alguma medida alude ao universo rural e à relação paradoxal que Veloso estabelece com ele: partir é necessário, como a interdição ao corpo de Clarice parece indicar, ao mesmo tempo em que a partida revela a promessa de felicidade que não é mais possível realizar com a saída da terra natal.

✳

O afastamento do universo rural continua. O movimento de abandonar as raízes, centradas na família e em suas relações, para ir ao encontro de uma situação nova, a capital, é tematizado em *No dia em que eu vim-me embora* também na voz daquele que parte.

Um estranhamento inicial é dado pelo uso melancólico de um órgão, com um timbre que parece tentar imitar os usados em igreja,

FRIO TROPICAL: TROPICALISMO E CANÇÃO POPULAR   81

produzindo uma harmonia para a melodia da voz que canta a falta de importância do dia da partida, o assunto da canção:

> No dia em que eu vim-me embora
> Minha mãe chorava em ai
> Minha irmã chorava em ui
> E eu nem olhava pra trás
> No dia que eu vim-me embora
> Não teve nada de mais

Esse momento é uma espécie de introdução que situa a partida. A canção retorna, depois dessa parte, ao início daquele dia em que "não teve nada demais". O teclado para e entra uma bateria com o chimbal[15] marcando o tempo enquanto a guitarra e um baixo acentuam momentos diferentes do compasso com intensidades parecidas, o que cria o efeito de um movimento circular em que um trecho do círculo não está completamente redondo, como se o giro sempre em determinado momento sofresse um atrito maior, se desse com dificuldade. A acentuação das sílabas da letra não corresponde ao acento forte da música, o que aumenta a sensação de que o movimento rítmico se faz travando e soltando simultaneamente, isso até no último verso – que "prepara" a mudança – coincidir o acento forte de *até o PORto* com o acento duro do arranjo:

> Mala de couro forrada
> com pano forte brim cáqui
> Minha vó já quase morta
> Minha mãe até a porta

---

15   Parte da bateria que tem dois pratos que podem ser tocados com a baqueta ou/e com o pé

82 CARLOS PIRES

> Minha irmã até a rua
> E até o porto meu pai

A despedida passa pelas mulheres da família, arrumadas das gerações mais velha às mais novas, que acompanham a voz em um movimento progressivo em direção à rua: a avó provavelmente no quarto, a mãe até a porta da casa e a irmã até a rua. E por último o pai, único que o acompanha em direção ao local da partida. O arranjo, então, se transforma: o andamento acelera e o ritmo flui, cessa o travamento anterior. O teclado inicial retorna, agora mais "moderno", associado a um pandeiro de chocalhar e uma percussão "primitiva", aparentemente tocada com a mão. A letra, que informa sobre a condição alheia, indiferente, do pai, também flui mais no arranjo:

> O qual não disse palavra
> durante todo o caminho
> E quando eu me vi sozinho
> Vi que não entendia nada
> Nem de pro que eu ia indo
> Nem dos sonhos que eu sonhava
> Senti apenas que a mala
> de couro que eu carregava
> Embora estando forrada
> Fedia, cheirava mal

Na partida – com a falta de qualquer palavra do pai – permanecem elementos daquele universo rural na mala de couro que fede e é percebida dessa forma apenas no momento em que o eu lírico, ou essa voz, fica só. Nos primeiros versos, a mala – que é o elemento temático unificador da canção – é revestida de "positividade" logo na abertura da estrofe: é de um bom material – pano forte brim cáqui – e com forro. Só é percebida como "fardo" na transformação da percepção da voz ao longo da música. Após essa constatação o arranjo se modifica retomando o ritmo e andamento da primeira parte.

> Afora isto ia indo, atravessando, seguindo
> Nem chorando nem sorrindo
> Sozinho pra Capital
> Nem chorando nem sorrindo
> Sozinho pra Capital

O eu lírico assume com indiferença a ida para a capital. Em uma última transformação, nas diversas repetições do último verso, "sozinho pra capital", a música "cresce", acelera, assumindo a característica de música urbana pop da época, abandonando o travamento em certa medida associado ao universo rural. Mas a voz continua repetindo o mesmo verso e se desloca do novo andamento provocando um travo melancólico. O que é cantado parece flutuar, em contraste ao enrijecimento do ritmo, até o fim da canção. O que era positivo na situação rural troca de sinal na nova lógica que está por vir. A mala de couro – elemento arcaico que exala um cheiro desagradável – acompanha essa voz indiferente e dissociada da música para a nova realidade urbana.

*

Alegria, alegria se passa dentro desse novo contexto urbano preparado pelas canções anteriores. A voz que em alguma medida organizava a experiência – situada no momento da partida – em *Clarice* e *No dia em que eu vim-me embora*, parece agora não se diferenciar das imagens que canta. A dissociação dela em relação à música no final da canção anterior prepara de alguma forma, como dito, *Alegria, alegria*. As imagens se sucedem como se brotassem desse sujeito que vai entre coisas cotidianas que parecem ter mesmo valor, ou não se hierarquizam: "em dentes, pernas, bandeiras/bomba e Brigitte Bardot" ou "eu tomo uma coca-cola/ela pensa em casamento/e uma canção me consola".

Uma sensação de flutuação parece presente na música. *Alegria, alegria* começa com uma guitarra distorcida acompanhada por um baixo que ao mesmo tempo que "pesam"– mais ainda aos ouvidos da época – pontuam três acordes do grave ao agudo. Esse início fornece a base para uma espécie de decolagem da letra. Essa começa, depois dos acordes, em uma ascensão às partes agudas da tessitura até o "Eu vou" que termina com a palavra final na parte mais aguda da melodia.

Depois de uma repetição do mesmo desenho melódico se inicia outro momento próximo às tonalidades agudas do "Eu vou". Em seguida, no verso que começa com "o sol nas bancas de revista", acontece o máximo de suspensão, flutuação, da voz. A música se fragmenta, o que faz a melodia promovida pela voz parecer solta. Os instrumentos, que acompanhavam em bloco a letra no arranjo, são substituídos por curtas melodias ascendentes e descendestes em torno da voz depois dela alcançar as tonalidades mais agudas da melodia até então. A percussão, composta por uma bateria insinuando uma marcha e um pandeiro de mão marcando o ritmo, desaparece e o pandeiro começa, nesse momento, a marcar curtos intervalos em contratempo no começo do compasso com batidas únicas. A sequência de oclusivas do verso "bomba e Brigitte Bardot" é sucedida por "o sol" prolongado no verso, o que contribui a essa sensação de flutuação. O aparecimento do *sol* cantado nas tonalidades agudas, nesse contexto de pulverização do arranjo, dá um efeito luminoso que carrega certo humor, pois esse é um periódico da época que está aparentemente exposto em uma banca, em outra leitura que o verso permite. O aparecimento d'*O sol*, jornal, situa a aparente dispersão da letra até ali: são imagens que podem estar justapostas em um periódico ou/e em publicações umas ao lado das outras em uma banca. Essa organização do espaço, que se mistura ao espaço interno da voz, em alguma medida ecoa sua própria subjetividade fragmentada, sem capacidade de organizar imagens e fatos no tempo.

A intenção crítica de apresentar o ponto de vista de um "jovem desgarrado" – que segundo Veloso foi pouco percebida pela grande maioria dos ouvintes – estava no horizonte do autor conforme seu relato em *Verdade Tropical*.[16] O efeito de flutuação e iluminação, que confere leveza – quase uma ausência de matéria – à voz, parece se sobrepor – e abafar – à intenção crítica e dissolver a ironia – o que talvez informe sobre os limites críticos do tropicalismo. João Gilberto conseguia – de outra forma e com outros resultados – uma fatura leve e luminosa em suas canções que acabaram se tornando um padrão de medida aos tropicalistas – e para grande parte dos músicos brasileiros. Mas uma certa flutuação da letra e, se é que se pode dizer dessa forma, uma claridade, luminosidade, na canção, não eram propriamente efeito para o inventor da bossa-nova, e sim uma formalização bastante particular, uma espécie de "causa".[17] Outras canções de Veloso – *Tropicália, Clara, Baby* – promovem elevações, e uma certa sensação de flutuação até. Em *Baby* o autor e o arranjador conseguem algo nessa direção com a

---

16 VELOSO, *Verdade Tropical, op.cit.*, p. 167

17 Clement Greenberg, a quem devo em parte essa formulação, em uma comparação de Picasso com Repin, um pintor soviético, diz: "Onde Picasso pinta a causa, Repin pinta o efeito. Repin pré-digere a arte para o espectador e poupa a ele o esforço, proporciona a ele um atalho para o prazer da arte que evita o que é necessariamente difícil na arte genuína. Repin, ou o Kitsch, é arte sintética." GREENBERG, C. *Arte e cultura*. São Paulo: Ática, 1996, p. 33.

ascensão dos violinos às tonalidades agudas no começo da música e o desenho melódico da letra.

Nessa suspensão, no momento máximo de elevação, a voz se remete à própria interioridade, "me enche de alegria e preguiça", em uma ameaça de adensamento da subjetividade. O arranjo anterior se recompõe, se reintegra, em uma última parte antes do refrão. O "eu vou" que inicia a nova estrofe é afirmativo, descende melodicamente, ao contrário dos outros até aqui, e a voz se remete às partes do corpo (próprio?) com certa distância, "os olhos cheios de cores/o peito cheio de amores... vãos". O verso final termina enunciando a falsidade dos amores. O fato desses serem vazios, ocos – vãos – é declarado em uma autoconsciência problemática que irá se fundir no último momento – o refrão preparado ao longo da letra – em uma voz coletiva com o apagamento do eu lírico na parte mais aguda da tessitura – "eu vou, por que não?" A ameaça de consciência, a percepção da falsidade, da ilusão, daquela realidade plana, rapidamente se dilui no refrão.

A segunda parte da música é estruturalmente muito parecida à primeira: duas estrofes iniciais terminadas com "eu vou", uma outra estrofe que prepara o momento de flutuação, esse momento e a parte que descende, afirmativa, até o refrão final "eu vou, por que não?" A letra apresenta algumas diferenças. A voz começa aparentemente mais situada, "pensando" coisas diferentes entre si: "Ela pensa em casamento/eu nunca mais fui à escola/sem lenço, sem documento/eu vou". Um caráter de enumeração aliado à repetição de versos em diferentes desenhos melódicos – na primeira estrofe o "sem lenço, sem documento" e na segunda "ela pensa em casamento" – sugerem uma possibilidade do uso serial deles. Também reverbera nesse contexto certo caráter obsessivo, o que coloca a necessidade de ir – o "eu vou" – em outro patamar: o de escapar, não parar. Ao mesmo tempo a denúncia do aspecto de consolo da canção – como em *Tropicália*, no verso "o meu coração balança um samba de tamborim" – aparece, talvez pela primeira vez, dentro de um momento em que uma parte politizada de artistas acreditava que a MMPB e os festivais eram os lugares de confronto político que decidiriam os rumos da nação – o que em alguma medida aconteceu, já que a televisão funcionando em rede nacional passou a ser um elemento central na confirmação dos rumos políticos e econômicos do país. Sobre os aspectos contraditórios desse contexto de cruzamento entre a canção e o momento político, Zuza Homem de Mello mostra que a música marco de afirmação da nacionalidade – e, consequentemente, do anti-imperialismo – e da politização dos festivais, *Arrastão*, empolgava o público justamente com um efeito "importado" dos shows da Broadway que ficou conhecido nos meios musicais como "desdobrada" e foi sugerido à Elis Regina pelo bailarino americano Lennie Dale.[18] Aqui se mede um pouco da relação complicada, da qual a própria *Alegria, alegria* padece, entre efeito musical – como um acessório necessário para valorizar o produto dentro da chave da indústria cultural – e a atitude crítica e o protesto político.

O uso em alguma medida externo de elementos de efeito para compor as canções – o que confere a elas um caráter híbrido, diferente do tipo de unidade dos materiais que João Gilberto conseguia – aponta para uma assimilação paradoxal de práticas construtivas, nesse momento histórico de lenta industrialização da cultura nacional. Um certo "construtivismo paradoxal" brasileiro que caracteriza a produção de João Gilberto, e de "boa parte da grande arte brasileira moderna",[19] está

---

18 MELLO, Zuza H.. *A era dos festivais*. São Paulo: Ed. 34, 2003, p. 57. Veloso, em *Verdade tropical*, também aponta nessa direção (p. 124).

19 O termo e a afirmação são de BRITO, Ronaldo. "Samba cubista". In: *Experiência crítica*. São Paulo: Cosac Naify, 2005, p. 117.

88 CARLOS PIRES

no terreno da música popular desse momento – metade da década de 1960 em diante – adquirindo formalizações que parecem se contentar com a colocação dos materiais na superfície, sem o tipo de unidade tensa e generosa elaborada por João Gilberto. Em seu livro sobre João Gilberto, Garcia problematiza algo nessa direção quando discute a canção *Falsete* de Johnny Alf e a gênese da bossa-nova:

> "Falsete" pode ser visto como um samba-jazz ou como um samba-choro e, em qualquer um desses casos, o hífen assinala bem a relação entre os termos (...) O grande problema, porém, é que, no desenvolvimento de nossa música, esse registro acaba se inserindo na segunda fase da Bossa... mas está gravada antes que a primeira ocorresse. E, uma vez que João Gilberto, pelos motivos já apresentados, permanece como a pedra fundamental dessa tradição, restaria analisar (o que não farei nesse trabalho) por que razão parte importante do prosseguimento imediato de "Chega de saudade" retorna ao hibridismo musical que João parecia haver superado – uma questão que se adensa quando se lembra que Chico Buarque, por um lado, e Caetano Veloso, por outro, tanto divergem dessa corrente de samba-jazz quanto reivindicam, por atuações até certo ponto opostas, a retomada de João Gilberto, passando a canalizar, desde então, as duas principais linhas de composição da chamada MPB. [20]

Veloso se remete, no capítulo intitulado *Alegria, alegria* de seu livro *Verdade Tropical*, ao incômodo em relação ao hibridismo da

---

20 GARCIA, W. *Bim bom: a contradição sem conflitos de João Gilberto*. São Paulo: Paz e Terra, 1999, p. 87-88.

segunda fase da bossa-nova e ao tropicalismo que em alguma medida queria enfrentar essa questão

> De certa forma, o que queríamos fazer equivalia a "samplear" retalhos musicais, e tomávamos os arranjos como ready-mades. Isso nos livrou de criar uma Fusion qualquer, uma maionese musical vulgarmente palatável, mas também retardou (e isso é deplorável sobretudo no caso de Gil, um grande músico) uma possível pesquisa nossa no terreno dos arranjos e da própria execução. Eu tinha consciência de que estávamos sendo mais fiéis à bossa-nova fazendo algo que lhe era oposto. De fato, nas gravações tropicalistas podem-se encontrar elementos da bossa-nova dispostos entre outros de natureza diferente, mas nunca uma tentativa de forjar uma nova síntese ou mesmo um desenvolvimento da síntese extraordinariamente bem sucedida que a bossa-nova tinha sido.[21]

A desistência de promover um tipo de unidade na direção em que João Gilberto havia realizado parece recair em um outro tipo de composição híbrida, onde a exposição dos materiais diferentes entre si – que em alguma medida já acontecia só que com, talvez, uma consciência menor do que os tropicalistas tinham – parece em alguma medida limitar a força das canções. Um certo caráter de liquidação dos materiais no seu uso acelerado e na constante mudança de registro que os tropicalistas fazem parece, em muitos momentos, promover certa explicitação das mudanças dos tempos, ou da mercantilização das ideias de nacional e povo que a televisão e a indústria fonográfica pareciam realizar, o que, nesse contexto específico, adquiria fortes contornos críticos. Por outro lado, essa atitude carregava também, na justaposição dos

---

21 VELOSO, *Verdade Tropical, op. cit.*, p. 168)

90   CARLOS PIRES

materiais e na sua disposição "solta" na superfície, certa preparação, psíquica até, para um tipo de aceleração desconexa que será comum na música brasileira – e em outras artes – desse momento para frente. De qualquer forma boa parte das melhores canções tropicalistas estavam imbuídas desse impulso contraditório e tiram sua força daí. A capa do disco de Tom Zé de 1968 chamado *Grande Liquidação* apresenta uma imagem clara desses dilemas históricos com as imagens de cordel, populares, apresentadas em cores fortes, "pop's", e o seu autor sério ao centro em preto e branco emoldurado por uma televisão. Esse parece o disco que apresenta mais consciência em relação ao que se estava liquidando a preço baixo.

O ir – "eu vou" – continua "por entre fotos e nomes" – outra repetição com a melodia alterada – e situa novamente o deslocamento na superfície de um jornal ou uma revista – é um deslocamento estático que parece acontecer apenas nos olhos, em espaços que se equivalem. A voz vai sem livros, sem fuzil, sem fome e telefone ao coração do Brasil. Como em *Tropicália* aparece um deslocamento – estático lá também, em certa medida, pois esse vira um monumento que se imobiliza – para o centro da nação: os chapadões, Brasília e, metaforicamente, retomando Favaretto, também ao coração do país.

Na estrofe que equivale ao máximo de suspensão, ao efeito de flutuação discutido antes, a voz novamente se remete a "ela" – que iniciou, pouco antes, a repetição da segunda parte da música – e ao desejo de virar astro de TV, o que equivale a virar cantor de festival. É difícil não pensar em certo sarcasmo em relação a Chico Buarque e "Roda Viva". *Tropicália* e *Alegria, alegria* parecem desenhar um movimento mais amplo que se resolve no âmbito de uma lógica de mercado em uma subjetividade fragmentada e acuada que é, em alguma medida, festejada, o que não deixa de ser curioso – com uma ironia que não se põe plenamente e parece, na sua coloração de superfície, um efeito entre outros. A atitude de expor de forma mais imediata os materiais que entram em jogo nas composições musicais com o intuito de revelar seus limites ideológicos – políticos e culturais – daquele momento histórico acaba por promover um mesmo tipo de indeterminação e falta de hierarquia entre eles, de forma que a própria imediatidade e facilidade é posta em primeiro plano em detrimento da intenção crítica dos autores, o que, nesse sentido, fez do tropicalismo – ou dessa direção aberta pelo movimento – um dos vetores da modernização conservadora que se estava operando naquele momento de "profissionalização" do meio cultural brasileiro.[22]

No máximo de elevação da música, na primeira parte, a voz ameaçou um adensamento da subjetividade e certa consciência problemática em relação aos amores – "Os olhos cheios de cores/O peito cheio de amores vãos". Nesse novo momento a voz confessa ao ouvinte da canção em tom de intimidade que nem "ela" sabe que seu desejo verdadeiro era cantar na televisão, até o momento em que "O sol", que tinha aberto a primeira parte com um efeito luminoso e cômico, fecha nublando e reafirmando a luminosidade bonita de qualquer um dos sóis.

A última parte, que começa com o *eu vou* descendente, repete pela terceira vez o "sem lenço, sem documento" e o eu lírico vai sem "nada nos bolsos ou na mão" até o mesmo "amor" que na primeira parte ganhava um adjetivo – vãos – e nesse momento está como um vocativo aludindo a "ela" – ou "elas" – como a ouvinte principal da canção. A voz que antes explicitou seu desejo, a televisão e os festivais, agora enuncia a quem se dirige. E no refrão final – "eu vou, por que

---

22 Sobre a profissionalização do meio cultural ver: ORTIZ, Renato. *A Moderna Tradição Brasileira.* São Paulo: Brasiliense, 1987 e MELLO, A era dos festivais, 2003, *op. cit.*

92   CARLOS PIRES

não" – se mistura ao coro sem se fundir como na primeira parte, se diferencia na indiferença.[23]

*

Onde andarás, a quinta música do LP, começa entre o samba-canção e o bolero. A canção exagera um desespero amoroso em uma referência à já exagerada música sentimental que ganhou força nos anos 1940 e 1950. A pergunta enunciada pelo eu lírico – "Onde andarás?" – é direcionada, como é possível depreender do uso da segunda pessoa, ao seu objeto de desejo, que praticamente não ganha corporeidade, ou qualquer presença mais efetiva ao longo da canção. *Alegria, alegria* também tinha por interlocutor, como o vocativo "amor" indica ao final, a "amada" em uma encenação narrativa particular, como se tentou demonstrar. Em *Onde andarás* também existe uma encenação narrativa só que de forma mais explícita, o falso – ou o *fake*, forma, talvez, mais correta de nomear esse efeito – é composto com procedimentos da música passional brasileira em um andamento acelerado se tivermos essas mesmas canções como parâmetro. Sobre esse tipo de composição que constitui uma representativa vertente da canção nacional, em oposição às canções aceleradas, Tatit diz:

---

23   Veloso, em uma reflexão posterior sobre esse momento no seu livro *Verdade tropical*, também confessa não saber em que medida estava fazendo tudo aquilo – o tropicalismo – com um intuito crítico, ou como "uma mera atração pelo estrelato mais vazio!" (p. 145), o que aproxima, externamente, o autor da voz da canção. O esforço de reflexão e posicionamento posterior de Veloso em relação à complexidade do tropicalismo parece precisar rebaixar a própria subjetividade a ponto dela se adequar à pouca espessura das vozes das canções – e essas, por sua vez, também ganham explicações que as "purificam" da "negatividade" do movimento, do que confere justamente esse impulso contraditório que dá força a elas. Sobre o assunto, ver no Excurso a análise da conferência que o autor deu no MAM no começo da década de 1990.

FRIO TROPICAL: TROPICALISMO E CANÇÃO POPULAR   93

> Nas canções desaceleradas, da vertente do samba-canção, predominam os traços de alteridade. O alongamento das durações e a consequente expansão do percurso melódico diluem em boa medida a constituição das células temáticas, ou, pelo menos, as orienta para outros lugares sonoros, quase sempre definidos pela tonalidade da música. A formação dessas trajetórias responde por um sentido de busca que o outro gênero de canção [modelo, em linhas gerais, enraizado no samba carnavalesco com o ritmo acelerado e as melodias desembocando nos refrões] não possui. Em qualquer ponto de seu percurso, essa melodia parece estar em trânsito, pois precisa de contornos restantes para se completar.[24]

Veloso aciona nessa composição a vertente do samba-canção colocando no centro seus princípios formais – que funcionam provocando um certo estranhamente no andamento acelerado, mais comum à outra vertente – e tematizando na letra seus aspectos constitutivos, a procura que as melodias desenham. O desencontro cuidadosamente construído entre a voz e o trompete – e depois o violino – realiza também, em certo sentido, a mesma procura. Esse uso bastante abstraído da tradição "passional" dá a medida da transformação acelerada do país em mais ou menos uma década. Em *alegria, alegria* a "marcha rock" desacelera levemente e em *Onde andarás* a "seresta", o samba-canção/bolero, acelera, o que promove um estranhamento que, novamente, expõe o grau de abstração dos materiais usados nas composições de Veloso. O diálogo do autor é com as duas principais vertentes da canção brasileira – o samba-canção que se forma a partir da tradição da seresta e o samba carnavalesco que tem

---

24   TATIT, L. *O século da canção*. Cotia: Ateliê Editorial, 2004, p. 184.

94 CARLOS PIRES

a marchinhacomo seu elemento primitivo – que até esse momento corriam em seus espaços específicos.[25]

Da pergunta que dá título à música – *Onde andarás?* – a voz passa à descrição da paisagem urbana, do Rio de Janeiro, que ganha dimensões amplas, quase infinitas – "tão clara e sem fim". Os espaços vazios

---

25   Sobre a "superação" do samba-canção passional promovida pela bossa-nova, Tatit diz: "A bossa-nova havia neutralizado alguns excessos na canção brasileira – particularmente o excesso passional que tomara conta da música popular dos anos 1950 – e havia chegado a uma espécie de canção absoluta, interpretada com ritmo, harmonia e volume de som precisamente calculados para a audição da compatibilidade entre melodia e letra. Havia, portanto, promovido em nossa música popular a importante triagem estética, que, aliás, se tornou para sempre um modelo de saneamento do repertório nacional" (TATIT, *op. cit.*, p. 211). Em relação a essa triagem promovida pela bossa-nova, Tatit aponta, em seguida ao trecho acima, o tropicalismo como um momento oposto necessário à "saúde" da canção nacional: "Ao tropicalismo caberia, portanto, promover a mistura ou, em outras palavras, salientar que a canção brasileira precisa do bolero, do tango, do rock, do rap, do reggae, dos ritmos regionais, do brega, do novo, do obsoleto, enfim, de todas as tendências que já cruzaram, continuam cruzando, ou ainda cruzarão o país em algum momento da sua história. Aparentemente irresponsável – ou até leviano – pela falta de critério seletivo, na verdade o gesto tropicalista pressupõe o gesto bossa-nova. Aquele assimila enquanto esse faz a triagem. Ambos são gestos extensos que tendem a perdurar na cultura brasileira como dispositivos de regulagem da nossa produção musical". A interpretação do tropicalismo de Tatit parece ter origem na leitura que Celso Favaretto (Favaretto, *op. cit.*, 2000) faz em que a ideia de mistura, que sem sombra de dúvida há nas composições tropicalistas, é o centro. As leituras posteriores que partiram desse ponto em muitos momentos não problematizam o tipo de fatura híbrida das canções, ela é muitas vezes "positiva" no seu pluralismo, na sua abertura para o novo, e ponto. Veloso em seu livro *Verdade tropical* não tem qualquer problema em afirmar o caráter regressivo do tropicalismo se colocado em relação à bossa-nova de João Gilberto (Veloso, *op. cit*, 1999). Parece que um tipo de unidade dos materiais em uma formalização particular deixa de acontecer e um certo hibridismo toma o centro, como discutido antes, aspecto que o tropicalismo critica e reproduz em suas canções. Talvez mais interessante do que verificar o caráter de mistura do tropicalismo seja investigar o porquê das canções tropicalistas – e das vertentes musicais posteriores a João Gilberto – não conseguirem mais um tipo de formalização íntegra, ou uma unidade maior dos materiais e, talvez, que relação isso tem com a transformação histórica que se deu em mais ou menos uma década.

FRIO TROPICAL: TROPICALISMO E CANÇÃO POPULAR 95

da cidade são cantados, como dito antes, em um ritmo acelerado se comparado ao arrastado das serestas e outras canções passionais que serviram de base à paródia de Veloso e o sentimento, como muitas vezes nessa tradição, fica tão hipertrofiado que promove um certo apagamento do objeto de desejo. Esse sofrimento da voz vai aos poucos ganhando o espaço urbano e esse, na sua aparente infinitude, acaba funcionando quase como um simples elemento de confirmação dos estados de alma do eu lírico – *Inútil paisagem*, de Antonio Carlos Jobim e Aloysio de Oliveira, possivelmente está no horizonte mais imediato dessa elaboração paródica. O aspecto cômico, talvez maior que a impostação que Veloso utiliza, é o fato de certa indiferença da voz se mesclar a um sofrimento tão profundo. A sua desolação parece conduzir a uma indiferença que em alguma medida vem se constituindo ao longo do LP – uma espécie de voz *blasé*. O amor – ou "ela" – de *Alegria, alegria*, que termina se revelando como o lugar ao qual a canção se direciona no vocativo do verso final "eu quero seguir vivendo, amor", agora foi perdido e da pouca espessura subjetiva da voz na música anterior passa a um estado de alma tão exagerado que a própria subjetividade se pulveriza no espaço da cidade – como, novamente, em certa medida acontecia nas canções passionais. O espaço urbano vira uma superfície infinita para "a dor" do eu lírico, o que, apesar das diferenças em relação à *Alegria, alegria* – são "opostas" do ponto de vista do diálogo com a tradição, uma é "música de carnaval" a outra "de meio de ano" –, promove um registro à voz em certa medida semelhante.

A forma de se cantar com os "arranques" dos versos que terminam nos prolongamentos das vogais nas partes mais agudas ou graves das melodias, bastante comum nas músicas que serviram de base à paródia, revela certas estratégias que Veloso lançou mão em algumas composições do LP. A música pop internacional dos anos 1960 utilizava – e utiliza até hoje – um procedimento parecido de conduzir as canções de forma que

96 CARLOS PIRES

elas "explodam" em vogais prolongadas nos momentos finais dos desenhos melódicos ascendentes ou descendentes. As serestas revelam, no uso que Veloso faz delas, essa estratégia de forma tão aparente que soam caricaturais ao mesmo tempo em que explicitam um recurso de composição das músicas comerciais contemporâneas ao tropicalismo.

Em *Baby*, música do álbum coletivo tropicalista, existe, como em alguma medida acontece em *Onde andarás*, um uso ambivalente das duas vertentes nacionais – o samba carnavalesco e o de meio de ano – tendo como perspectiva o novo pop nacional e o pop internacional. Veloso, com o auxílio do arranjo, consegue nessa canção um efeito curioso com as melodias que saltam longos intervalos em um ritmo lento – que remetem à música passional –, mas acabam se repetindo e ascendendo na tessitura de forma que acabam desembocando – e revelando essa repetição em sua estrutura – em um comportamento ao mesmo tempo do pop internacional e do samba carnavalesco – em um ritmo de marcha-rancho insinuado.[26] *Baby* também, como em *Alegria, alegria* e *Onde andarás*, tem uma armação narrativa que convoca uma segunda pessoa – o "você precisa", a terceira pessoa que tem papel de segunda na situação de comunicação – a participar e "ficar por dentro" das coisas que estavam acontecendo e que são enumeradas em um procedimento de indiferenciação semelhante à *Alegria, alegria*: piscina, margarida, Carolina, gasolina funcionam em um mesmo registro, sem qualquer tipo de hierarquia entre eles – o mesmo registro que a própria voz se coloca em seguida, "Você precisa saber de mim". Ao incorporar o coro de *Diana* de Paul Anka, Veloso explicita – já que essa música canta um amor improvável de se realizar enquanto praticamente presentifica a junção amorosa com o

---

26 Tatit, a quem devo em parte essa caracterização, descreve de forma mais cuidadosa esse comportamento em seu livro. (TATIT, *O século da canção, op. cit.*, p. 220)

FRIO TROPICAL: TROPICALISMO E CANÇÃO POPULAR   97

objeto de desejo – um comportamento parecido em relação à organização temporal muito difundido na música de protesto da época: cantar a realização da felicidade em um futuro próximo como se ele fosse inevitável, quase como se esse já fosse presente. Ao mesmo tempo em que *Baby* intima a determinados comportamentos – como, também, em certa medida a música de protesto – explicita, no diálogo com o pop internacional, o clima de consolação dado na construção da promessa de futuro que muitas canções realizavam como presente. O aspecto crítico pouco percebido – abafado como em *Alegria, alegria* pelos efeitos musicais de elevação e em alguma medida de flutuação também – está no uso do contraponto "I love you", da música *Diana* de Paul Anka, no refrão que revela na verdade quem precisa de quem. Em outras palavras, a intimação a entrar naquele universo que coloca na mesma chave o pop internacional e a MPB nacional – como *Carolina*, música de Chico Buarque indica – mostra na sua montagem que a voz da canção na verdade precisa da segunda pessoa, o que de certa forma explica o clima ambivalente da música, uma euforia disfórica ou vice-versa. *Baby* apresenta uma voz chamando para um universo onde os elementos não se particularizam, onde os elementos são listados como em um chamado publicitário para que o ouvinte aceite aquele mundo ao mesmo tempo em que a própria voz se coloca ao lado dos objetos que enuncia. Essa estratégia persuasiva acaba revelando, por meio de melodias repetitivas, a melancolia da voz com a falta do ouvinte que ela tenta conduzir, seduzir, para aquela festa do consumo. Chama para a euforia da "festa" na mesma medida em que expõe a própria carência – e a da "festa" – que desemboca em certa obsessão, que dá um travo melancólico à música. Os desenhos melódicos, em certa analogia com essa estrutura temática, esboçam contornos das canções aparentemente "passionais" que acabam se repetindo em pequenos pedaços que revelam, por fim, um comportamento de canções orientadas para a repetição. *Baby* é, também, uma armação crítica interessante turvada pelos efeitos que a própria música em alguma medida denuncia.

Onde Andarás, em que a letra é de Ferreira Gullar, tem em seu arranjo uma variação repentina que, no trecho abaixo, se soma a uma impostação próxima aos cantores das músicas passionais que ela parodia.

> Eu sei, meu endereço apagaste do teu coração
> A cigarra do apartamento
> O chão de cimento existem em vão
> Não serve pra nada a escada, o elevador
> Já não serve pra nada a janela
> A cortina amarela, perdi meu amor

Retomando, na primeira parte a voz em tom de lamento pergunta onde andará o seu objeto de desejo e termina afirmando que em algum ponto da cidade "ela" – ou "ele" – a esquece. A viravolta do arranjo traz o clima de desolação *fake* com a voz parodiando o excesso passional do samba-canção. A voz nega os elementos que estão ao seu redor, marcas de urbanidade da zona sul carioca, até que essa negação conduz a um verso pronto, ou um clichê, daquela tradição: "Perdi meu amor". A nova transformação recupera em certa medida o arranjo e a impostação do primeiro momento da canção, mas a voz, ao contrário do caminho que parecia apontar e que a tradição afirmaria, se afundar no próprio sofrimento e enfrentar a desilusão, conclui:

> E é por isso que eu saio pra rua
> Sem saber pra quê
> Na esperança talvez de que o acaso
> Por mero descaso me leve a você

FRIO TROPICAL: TROPICALISMO E CANÇÃO POPULAR   99

A falta de sentido que o sofrimento amoroso causa não leva a um estado depressivo, nem à procura propriamente, leva a certa indiferença – que não deixa de acionar as outras indiferenças do LP – e a uma crença no acaso que reedita uma esperança vã.

O desenvolvimento particular de um sujeito que *Tropicália* apresenta naquela espécie de síntese da história nacional, que nas músicas seguintes, *Clarice* e *No dia em eu vim me embora*, se converte no trânsito da voz de um espaço rural para um espaço urbano e em *Alegria, alegria* vira "pura" flutuação, em alguma medida continua aqui com o quase pretexto de que talvez, quem sabe, esse puro ir conduza esse "personagem" ao seu objeto de desejo. É curioso que a procura, que as melodias inclusive desenham em referência à música passional, como dito antes, se esvazia em simples deslocamento e a voz – que na tradição enfrenta o sofrimento, faz o luto do amado – percorre, com certa leveza dada pelo arranjo, as ruas da cidade. E, por fim, termina suspirando um "Eu sei" que antes introduziu a transformação do arranjo – "Eu sei, meu endereço, apagaste do teu coração" – e agora dá quase o tom de fatalidade do "ir" pela cidade.

*

Anunciação termina o primeiro lado do LP. Em uma situação dramática, a voz conversa com outra que é nomeada, Maria, sobre o filho que não se sabe bem se já nasceu ou se vai nascer. A letra é de Veloso com Rogério Duarte, responsável também pela parte gráfica do disco e pela capa que coloca o autor, como dito, emoldurado em um ovo segurado por uma mulher em uma espécie de paraíso desenhado com cores fortes. A composição se estrutura em dois momentos principais. Naquele que se aproxima mais de uma espécie de refrão, o nome Maria, da geradora do monstro salvador que está para surgir – ou já surgiu –, aparece cantado de forma prolongada acompanhado por uma melodia que pontua os acentos do canto sem a percussão que caracteriza a outra parte. Esta outra se estrutura com uma percussão constante e duas notas que soam nos mesmos momentos do compasso com a letra cantada.

A voz começa, no diálogo que estabelece com Maria, contando que viu o filho de ambos em um sonho e que ele está perto. O clima onírico permanece durante a música dado principalmente pela confusão temporal causada pelo nascimento ou não do filho. O título que remete à aparição que o anjo Gabriel fez à Maria para anunciar o mistério da encarnação – e o próprio nome da Maria como refrão – estabelece um diálogo com a mitologia cristã que continuará na falsa finalização do LP que acontece com *Ave Maria*, música composta com a reza Ave Maria cantada em latim. O filho é o salvador que aparece, paradoxalmente, como aquele que pode destruir os que o "geraram". Na primeira parte a voz enuncia com aflição o fato de ter visto em sonho o filho, confirmando um pressentimento anterior. Na segunda parte da letra a voz teme que a "geradora", Maria, não chegue a tempo e o "filho" apareça com o intuito de matá-los e diz que é necessário que ele cresça perto deles para reconhecê-los. No próximo momento, dizendo que não está louco, afirma que o filho já nasceu e a necessidade de se tomar conhecimento desse fato para saber se é "a nossa carne que nos mata". Chama, depois, Maria para compartilhar de sua visão – quase um delírio – do filho, com a cabeleira vermelha "como incêndio mais belo do que nós", que eles pensavam já morto, enterrado em uma caixa de sapato – dado de modernidade insinuado na composição[27] que irá se confirmar na próxima parte da

---

27 E alusão, talvez, à forma como as crianças mortas pela miséria eram enterradas em regiões do Nordeste brasileiro. Devo essa indicação a Celso Favaretto.

letra com a referência aos métodos anticoncepcionais, causando um estranhamento no que parecia até ali uma narrativa cristã dramatizada. Termina novamente com o receio de que o salvador/assassino se alimente com o leite das feras e se torne um estranho para eles. Depois do dado contemporâneo, confirmado com os métodos anticoncepcionais, a voz afirma que agora é tarde demais para isso, pois o filho já gritou, "essa noite", o nome da mãe que compõe, e compôs até ali, com um desenho melódico que remete a uma espécie de chamado, o refrão que prolonga duas vezes "Maria".

O LP até esse momento apresenta uma série de materiais expostos de forma acelerada fora de seus espaços usuais. O procedimento em *Anunciação* é em certa medida parecido ao apresentar uma narrativa do universo cristão com um messias ambivalente e resolvê-la em um espaço contemporâneo à canção. Os espaços tradicionais – e os tempos – são violados com consciência de causa em uma espécie de curto-circuito constante. Esse procedimento anuncia, forçando um pouco a mão, uma novidade que está sendo gestada naquele momento: a nova forma de organização dos materiais que dá forma ao LP e à voz nesse processo – ou, para dizer de outra maneira, outro modo de organizar os dados da realidade na composição. Só que o messias ambivalente se apresenta no começo do lado B como um super-homem dos gibis que habita a zona sul carioca, em uma referência à postura, também ambivalente, que Veloso e outros tropicalistas assumiam naquele momento em relação à indústria cultural. Os amplos movimentos, como a síntese da história nacional em *Tropicália* – que desemboca no âmbito do mercado cultural e da moda – ou a narrativa cristã em que se insinuam elementos da década de 1960, terminam em um lugar em certa medida semelhante em que MPB, religião, televisão, amor, política, coca-cola, cinema, guerrilha etc. são equalizados na superfície da canção em uma nova forma de organizar os

102 CARLOS PIRES

materiais – de praticamente qualquer origem – retirados, e em alguma medida limpos, do contexto que os originou.

*

Na música que inicia o lado B, o eu lírico se coloca ironicamente como o *Superbacana*, uma espécie de super-herói pop que não é reconhecido como tal por "toda essa gente". A música é uma espécie de rock acelerado – com baixo, guitarra e bateria – com algum resquício de frevo na estruturação melódica da letra. As mudanças no arranjo acontecem com as viradas de bateria e sopros e, ainda, na acentuação rítmica, sem as variações abruptas dos timbres e do andamento de muitas das composições anteriores. A letra é fragmentária, como outras já descritas, mas os pedaços que compõem *Superbacana* vão de referências ao universo dos quadrinhos a de músicas do lado A. O próprio LP é transformado em matéria de composição enquanto certas linhas críticas que se esboçaram antes são desenvolvidas.

As quebras no modo como a letra é cantada dão certa descontinuidade ao arranjo, o que cria um efeito usado em algumas canções tropicalistas: uma ambiguidade em relação à estruturação sintática de forma que o ouvinte precise juntar pontos que a música separou – "o mundo explode longe (…) e as migalhas caem todas sobre". Existe, nesse momento, uma pequena pausa e o próximo verso, que completaria sintaticamente o anterior, começa ironicamente com Copacabana, mas o bairro carioca encadeia outra situação como sujeito sintático do que segue: "Copacabana me engana/esconde o superamendoim". A continuação desse verso progride de coisas banais relacionadas ao mundo da cultura popular urbana e passa, sem mudar a retidão do arranjo e o tom da interpretação, para: "No comando do avião supersônico/do parque eletrônico do poder atômico/

FRIO TROPICAL: TROPICALISMO E CANÇÃO POPULAR   103

do avanço econômico". O primeiro verso dessa parte, apesar de aludir à outra ordem de coisas, mantém certa ambiguidade em relação ao mundo dos quadrinhos. O seguinte também se mantém ambíguo com o termo "parque", já os demais explicitam certa lógica maior de dominação política e econômica onde os outros elementos parecem inseridos e que na estrutura da música adquirem uma espécie de perversa continuidade "natural", como se a ordem ideológica dominante penetrasse em outras esferas. Mas isso ocorre com certo dado de indiferenciação, outra face ideológica desse processo talvez menos evidente naquele momento, dado pela própria opção formal de justaposição dos materiais.

Os versos "Um batalhão de cowboys/barra a entrada da legião de super-heróis" traz um pedaço do próprio disco para dentro da canção, remete ao maniqueísmo de esquerda, que antes apareceu na música *Tropicália* – "No pulso esquerdo bang-bang". É como se a esquerda, representada de maneira sarcástica por Veloso dentro do universo da cultura popular americana, estivesse barrando a entrada de um grupo de super-heróis (*Tropicalistas?*) que parece, ou pretende, se colocar em outro lugar em relação a essa ordem ideológica onde a direita autentica uma eterna primavera e a esquerda se consola com o samba e imobiliza o jogo político. A referência à moeda número 1 do Tio Patinhas – pelo poder que essa tem nas histórias de gerar riqueza – no verso imediatamente anterior, aponta para o fato do Superbacana não ser o dono do dinheiro, e insinua de certa forma, pela contiguidade do dado financeiro ao verso que explicita os trânsitos políticos-culturais, que talvez o dinheiro – ou os caminhos que conduzem a ele – esteja "guardado" pelos cowboys de esquerda. Isso põe corajosamente à mostra a situação da mercadoria cultural que naquele momento ampliava seu horizonte para a música de protesto, a atitude politizada de esquerda para os festivais, povo, nação etc. A crítica ao mesmo tempo em que revela coragem e em boa medida acerto na denúncia, aponta para certo ressentimento que se constrói ao lado do aparente bom humor da canção. O que parecia uma ironia em relação aos espaços do mercado cultural e a situação particular de parte significativa dele passar pela mão de pessoas que politicamente se identificavam aos ideais de esquerda, ganha coloração séria e ressentida em *Eles*, música que denuncia a falta de presente na construção das canções de boa parte da MPB da época. A agressividade de Veloso, mais do que expor, muitas vezes de forma correta, certo estado dos trânsitos culturais e econômicos, parece ter aquela direção que Adorno aponta em seu texto sobre a indústria cultural: quer seu espaço, ou "que toda essa gente" pare de se enganar em relação a ele, o que, de certa forma, atenua o caráter irônico e a força da construção crítica do LP.

Os versos que finalizam a canção deixam mais ou menos claros os super poderes do Superbacana:

> E eu superbacana
> Vou sonhando até explodir colorido
> No sol dos cincos sentidos
> Nada no bolso ou nas mãos
> Um instante, maestro!

O herói tem o poder de sonhar "até explodir colorido/no sol dos cinco sentidos" e esse sonho traz novamente o sol que na sua ambiguidade – no seu duplo sentido de periódico e corpo celeste – serviu para abrir e fechar, confirmando qualquer dos sentidos, a canção *Alegria, alegria* quando a voz confessa seu sonho de cantar na televisão – e ecoa, de longe, o verso "Os olhos cheios de cores". O penúltimo verso confirma a direção colocando um verso inteiro daquela canção com outro desenho melódico e a música acaba no espaço da

FRIO TROPICAL: TROPICALISMO E CANÇÃO POPULAR   105

televisão com um bordão, "Um instante, maestro", que o apresentador Flávio Cavalcanti, conhecido na época pelo seu conservadorismo em diversas direções, usava em seu programa.

*

Paisagem útil foi a primeira composição com características tropicalistas de Veloso, mas veio a público apenas no seu LP de 1968, depois de *Alegria, alegria*. A canção apresenta "olhos abertos", ao mesmo tempo, em vento – e elementos naturais – e sobre o espaço urbano. Esses elementos naturais incorporam os culturais, fabricados pelo homem, provocando uma espécie de encantamento que naturaliza os últimos. No momento máximo de naturalização da cultura, a lua que ilumina um cotidiano aparentemente sem tempo é a "lua oval da Esso" – o luminoso do posto de gasolina – promovendo uma meia inversão na direção que vinha sendo delineada, já que a distância entre natureza e cultura praticamente desaparece e a cultura, em uma meia ironia, se mostra dentro de um espaço natural, mítico até, em que essa nova lua ilumina os "corações amantes do nosso Brasil".

A música começa com uma marcha tocada em um andamento lento enquanto a voz em ritmo descritivo relaciona, ou mistura, a arquitetura e a natureza da cidade do Rio de Janeiro. O espaço urbano, como dito, se naturaliza: "Luzes de uma nova aurora/que mantêm a grama nova/e o dia sempre nascendo". A marchinha lenta desaparece de forma abrupta nesse momento, e a voz, solta, indaga – apenas com algumas notas pontuando a acentuação da fala – sobre "quem" habita esse espaço:

> Quem vai ao cinema, quem vai ao teatro
> Quem vai ao trabalho, quem vai descansar

106   CARLOS PIRES

> Quem canta, quem canta
> Quem pensa na vida
> Quem olha a avenida
> Quem espera voltar

Nos últimos versos, um violino – que continua no momento seguinte – insinua a outra transformação no arranjo que apresenta – ao mesmo tempo em que se canta "os automóveis parecem voar" e o violino ascende às notas agudas – uma bateria de bossa-nova conferindo certa sofisticação fácil à música. O arranjo retoma, em seguida, a marcha, mas com a voz, contaminada pela grandiosidade insinuada pelo movimento anterior, parodiando certa dicção passional dos anos 1940 e 1950 até o momento em que a meia inversão – ou a meia ironia – se coloca nesse clima. A letra começa, então, a descrever o aparecimento da lua nesse tom. Ela surge no céu que na primeira parte foi levado para longe quase flutuando naquela marinha:

> O céu vai longe do Outeiro
> O céu vai longe da Glória
> O céu vai longe suspenso

A continuação dos versos acima apresentava, porém, em uma dicção sem a afetação da segunda parte, as "luzes de luas mortas" em uma paisagem que parece contaminada e organizada ao fundo pela figura da morte. A lua individualizada – da Esso – aparece no fim em uma quebra na fluência dos elementos da descrição – "oval, vermelha e azul" – que só vai se resolver quando essa lua se mostrar como um luminoso dentro da dicção paródica e do efeito falso que se irradiou a partir da quebra do arranjo para esse momento de desfecho. Certa "desnaturalização" – ou certa contaminação entre natureza e cultura regida por esta última – acontece e a organização

Frio tropical: tropicalismo e canção popular   107

do espaço urbano e do cotidiano se mostra dentro de outra ordem, mítica ainda, que reverbera até dentro dos "corações amantes do nosso Brasil". O movimento para o "coração do Brasil" que o LP empreende – em *Tropicália* e *Alegria, alegria* de forma mais explícita – aponta para certo enrijecimento desse "coração", já que os materiais que dão substância a ele – ou para essa tentativa de caracterização nacional – estão sob o signo de "luas mortas" – são materiais que foram arrancados de seus contextos vitais para recobrirem as canções tropicalistas de Veloso. A caracterização dessa nova *Paisagem útil* no LP – e desse "coração" nacional – reverbera um problema da transformação histórica que estava se dando de modo acelerado naquele momento: o novo contexto que terminava de assentar no país dado pela profissionalização dos meios culturais e a consequente transformação na experiência material urbana e, talvez, na própria forma de se conceber o tempo. Ou, dito de outra maneira, um novo grau de generalização da forma mercadoria no território nacional – que começava a deixar para trás as carcaças do momento anterior. Mas, novamente, parece que a intenção crítica mais imediata de Veloso perde força por conta dessas escolhas que, no entanto, conferem potência à forma justamente nessa organização sem tempo do material que em alguma medida imita e explicita esse novo ritmo, mítico em certo sentido, da forma mercadoria. O aspecto crítico menos imediato perde sua força, por outro lado, com o uso dos efeitos, principalmente a dicção remetendo à de Orlando Silva, que faz a morte das "luas mortas" – que a forma mercadoria difunde no seu poder de transformar trabalho vivo em morto – se converter em certa galhofa de superfície facilitando, ou criando válvulas de escape, para esse humor negro, mórbido, que parece ser o elemento unificador. Quando a indiferenciação entre os materiais, que em muitas canções tropicalistas como dito são carcaças da

108 CARLOS PIRES

história do país, cede terreno a efeitos mais fáceis, o que tensionava a forma se converte em uma espécie de denúncia sem denúncia, ou em uma encenação crítica de superfície. Esses materiais sem densidade específica são *ready-mades*, em uma formulação mais próxima a do autor, retirados da experiência nacional – ou do fim dessa, pelo menos no sentido que ela se colocava até ali. O esvaziamento da voz, ou a diminuição de sua espessura, que aparece como resultado no desenvolvimento de *Tropicália* – e em outras canções do LP – coloca, ao que parece, essa nova interioridade como mais um fragmento entre os outros elementos fragmentários da composição. O problema, que confere uma forte dimensão crítica a diversas canções, é que esse fragmento de sujeito perde seu poder de resistência na armação formal na medida em que se converte, o que é revelador sobre esse contexto, em acessório para a composição.

✻

Clara apresenta um certo retorno ao meio arcaico aparentemente abandonado em *No dia em que vim-me embora*. *Anunciação*, em alguma medida, a partir da mitologia cristã que evoca, põe em ação certos vetores que dão sentido àquele universo rural. Em *Clara*, no entanto, o arcaico está ligado a uma longa tradição popular litorânea que tem em Dorival Caymmi, em seu LP *Canções praieiras* principalmente, um momento significativo de trânsito dessa para a experiência urbana. Mas na canção de Veloso, também, essa tradição está significativamente abstraída. A voz que nas *Canções Praieiras* relata experiências próprias, ou de alguém próximo, na relação com o mar – geralmente ligadas à morte – na armação da canção configura uma espécie de situação dramática em que uma voz principal, a de Veloso, que funciona como uma espécie de narrador, em certa ambiguidade em relação ao suicídio da personagem, Clara, dá voz ao devaneio desta, mudando, inclusive, quem canta – Gal Costa.

A canção começa com uma introdução dando a moldura – sempre com certa ambiguidade – do que vai acontecer:

> Quando a manhã madrugava
> Calma, alta, clara
> Clara morria de amor

A música tem uma estrutura percussiva constante com uma oscilação sincopada que sempre se resolve em um arrastado e as marcações dos momentos se dão por outros instrumentos que funcionam nessa base rítmica. Uma flauta, nesse começo, pontua o canto com notas diferentes aparentemente sem qualquer base harmônica ou relação com a melodia que a letra desenha, até o momento em que quase a encontra no final quando a outra parte começa:

> Faca de ponta Flor e flor
> Cambraia branca sob o sol
> Cravina branca, amor
> Cravina, amor
> Cravina e sonha

A mesma base rítmica continua com sopros marcando o final dos versos até Clara ser evocada e a flauta voltar acompanhando, praticamente, as sílabas também em uma harmonia diferente da que a melodia da letra insinua:

> A moça chamava Clara
> Água
> Alma

Lava…
Alva cambraia no sol
Galo cantando cor e cor
Pássaro preto dor e dor
O marinheiro amor
Distante amor
Que a moça sonha só

As imagens claras, como em alguma medida em *Clarice*, funcionam na música associada às transparências ligadas à água. A transparência e claridade conferem certa leveza que é intensificada quando a flauta "rouba" a base da aparente estruturação harmônica da letra. Na última parte, a brancura é manchada de vermelho quando a faca de ponta inicia os versos que insinuam sangue e, consequentemente, o suicídio:

Faca de ponta
Dor e dor
Cravo vermelho no lençol
Cravo vermelho amor
Vermelho amor
Cravina e galos
E a moça chamada Clara, Clara, Clara, Clara
Alma tranquila de dor

No momento do devaneio, Clara se pergunta sobre onde andará o seu amor e sobre o possível esquecimento dela por parte dele:

O marinheiro sob o sol
Onde andará o meu amor
Onde andará o amor
No mar, amor
No mar sonha

Se ainda lembra o meu nome
Longe, longe
Onde, onde se vá numa onda no mar [num bar]
Numa onda que quer me levar
Para o mar
De água clara, clara, clara, clara
Ouço meu bem me chamar

A imagem da pessoa que ouve o chamado do mar e é arrastada em uma espécie de transe que deixa o suicídio ambíguo, em certa medida comum à tradição que Veloso alude, em Clara aparece como um chamado em seu delírio, pela evocação de seu nome, que a tira do esquecimento que a amedrontava. Esse chamado acontece em um deslocamento morfológico de "clara" da condição adjetiva de mar para, com o último verso, ser ouvido como seu nome chamado pelo amado.

O sofrimento amoroso da personagem aqui, como do eu lírico em *Onde andarás*, parece ter como medo maior o esquecimento, o apagamento da experiência. O início de *Clarice*, como dito antes, também remete a certo apagamento da memória que é descrito com imagens claras que levam até a personagem, Clarice, que confere certa iluminação enigmática a um passado opaco. O movimento em *Onde andarás* conduz a um sofrimento indiferente, como se tentou especificar. Clara tem um percurso em alguma medida semelhante, o suicídio parece uma espécie de ritual que se resolve sem morte já que o estado final da personagem é de uma alma tranquila de dor. É verdade que a leitura que confirma o suicídio é possível: a alma, com a morte, tranquilizou-se em relação à dor que sentia. Mas a dor de perder o amado – ou, pior, de ser esquecida – se resolve, salvo engano, em uma espécie de estoicismo, em uma resignação, mortificante é bem verdade, que reverbera a indiferença que se construiu ao longo do LP. Parece que a referência a essa tradição litorânea em que era possível certa conjunção da memória individual e coletiva[28] mostra seu grau de abstração na medida em que usa materiais que na superfície remetem àquela realidade, mas no seu travamento interno conduzem a um lugar não muito distinto dos outros criados no LP. Outro aspecto, esse mais da superfície, remete a essa ambivalência dos elementos de composição: Gal Costa canta no oitavo verso "bar" e não "mar" como vem escrito no encarte, o que de certa forma "suja" de maneira interessante os materiais daquela tradição ligados a espaços naturais revestidos de certo simbolismo.

Em *Alegria, alegria* o espaço do jornal reflete aquela voz que flutua sobre os acontecimentos que não ganham qualquer densidade particular até o momento em que o puro "ir" é afirmado. Para Benjamin:

> Os jornais constituem um dos muitos indícios de tal redução [da experiência]. Se fosse intenção da imprensa fazer com que o leitor incorporasse à própria experiência as informações que lhe fornece, não alcançaria seu objetivo. Seu propósito, no entanto, é o oposto, e ela o atinge. Consiste em isolar os acontecimentos do âmbito onde pudessem afetar a experiência do leitor. Os princípios da informação jornalística (novidade, concisão, inteligibilidade e, sobretudo, falta de conexão entre uma notícia e outra) contribuem para esse resultado, do mesmo modo que a paginação e o estilo linguístico.[29]

Veloso parece conferir certa dimensão positiva, como os concretistas, para essa consciência pulverizada que, ao que parece, não

---

28 BENJAMIN, W. *Obras escolhidas III*. São Paulo: Ed. Brasiliense, 1989, p. 107.

29 *Ibidem.*

FRIO TROPICAL: TROPICALISMO E CANÇÃO POPULAR   113

existia na experiência material urbana nacional até meados da década de 1960, pelo menos não nessa intensidade e com essas características. A formalização que o autor apresenta aqui – o ritual que em Clara conduz a uma morte sem morte (um anestesiamento), sempre com certa ambivalência, e instaura um certo enrijecimento do corpo, uma dor tranquila – parece trazer certa atualização dessa tradição litorânea – e das consciências – a essa condição moderna ou pós--moderna que no país acontecia tardiamente.

*

Soy loco por ti América é uma espécie de rumba que já nessa escolha rítmica explicita certa provocação direcionada aos *cowboys* de esquerda. Em depoimento um pouco anterior ao lançamento do disco o autor diz:

> Se a linha-dura do samba repudia a guitarra, a ela dedico *Soy loco por ti, América,* uma rumba autêntica da dupla Gilberto Gil e Capinam, incluída em meu LP a ser lançado brevemente. [30]

A música, além do ritmo cubano, alude à morte de Che Guevara colocando a revolução política em uma dimensão continental, ou, como disse Roberto Schwarz em relação ao tropicalismo, talvez tendo essa canção em mente:

> cultivando a "latinoamericanidad" – em que tenuemente ressoa o caráter continental da revolução – o que no Brasil

---

30 Entrevista ao *Jornal do Brasil*, 11/01/1968.

114 CARLOS PIRES

de fala portuguesa é raríssimo, os tropicalistas mostram
que têm consciência do alcance de seu estilo.[31]

A letra da canção foi encomendada a Capinan quando Veloso,
discutindo a ordem das músicas do seu LP, ouviu a notícia da morte
de Che Guevara:[32]

> Horas depois [da encomenda] estava pronta com melodia
> de Gilberto Gil. Esta canção em homenagem ao revolu-
> cionário Che é um baião, enxertado de ritmos latino-ame-
> ricanos, com letra no mais castiço portunhol (...) o arranjo
> rumbado e o piano percussivo remetem a uma ambienta-
> ção sonora – estilo latin América – dos filmes de Carmem
> Miranda, um dos símbolos do tropicalismo.[33]

A América, que tem o céu como bandeira, é construída como
amante desse "país sem nome" e na voz, que se declara apaixonada
por ela, "arde o fogo de conhecê-la". A música problematiza o nacionalismo estreito de parte da esquerda na medida em que o arranjo
remete às orquestrações "latinas" de filmes "americanos" e, de forma enviesada, a um projeto de América encabeçado pelos Estados
Unidos nos anos 1940.[34]

A morte de Che Guevara é aludida em duas estrofes aparentemente desconexas: na primeira, depois da enumeração, "os rios, canções, o medo", aparece "um corpo cheio de estrelas" cantado em

---

31 SCHWARZ, O pai de família... op. cit., p. 77

32 MELLO e SEVERIANO. A canção no tempo. São Paulo: Ed. 34, 2002, p. 132.

33 Ibidem.

34 Uma boa caracterização desse momento está no livro: TOTA, A. P. O imperialismo
sedutor. São Paulo: Companhia das Letras, 2005.

português que se mostrará, ao que parece, como o corpo do homem morto que não se pode dizer o nome – "antes que o dia arrebente", também cantado em português. No trânsito de um "idioma" para o outro, a voz muda, se torna mais séria – e fica mais grave na tessitura – para pontuar o que não pode ser dito explicitamente em, curiosamente, português, idioma da maioria dos ouvintes da canção. Na estrofe que segue, "el nombre del hombre muerto" será cantado em um amanhã que a voz espera. Em *Eles*, música que finaliza o LP, a espera do amanhã onde a vida poderá começar – que aparece como uma construção temporal bastante presente nas canções da época – é duramente criticada por não se ter qualquer raiz no presente. Em *Soy loco por ti, América* a ressalva, em português, é que "não sejam palavras tristes".

Na próxima estrofe a voz afirma sua transitoriedade e a consciência da morte – "estou aqui de passagem/sei que adiante um dia vou morrer" – que se dará em um precipício de luzes de bruços nos braços de uma mulher guerrilheira ou camponesa, duas referências caras à revolução continental que a canção pareceu aludir, ou, ainda, de uma manequim, o que "suja" o material de esquerda com que a música vinha se constituindo. A América que teve uma caracterização feminina reaparece no momento da consciência da morte da voz como uma mulher indiferenciada, como tipos de mulher esvaziados de sua particularidade, ou com sua particularidade promovendo uma distinção acessória, para, no final, servir qualquer uma que simplesmente o queira. A revolução latino-americana se mostra ao final em uma chave próxima, ou forjada de modo semelhante, às outras composições do LP.

*

116   CARLOS PIRES

Em *Ave Maria*, a letra é a própria prece em Latim. Sua posição e a forma como é cantada fazem com que ela pareça o desfecho do LP.

A canção começa com dois acordes que soam no primeiro e no segundo tempo de um compasso aparentemente ternário. Essa estrutura se mantém soando por dez compassos até a reza começar e outros instrumentos entrarem transformando esses acordes em tercinas que soam ao fundo de uma estruturação rítmica com compassos quaternários (ou binários). Isso até ser cantado "ora, pro nobis/pecatoribus", momento em que o arranjo sofre uma transformação em que a voz fica solta, *ad libitum*, em um ritmo mais lento, acompanhada por um violão dedilhado enquanto se canta "Nunc et in hora" duas vezes para, por fim, os instrumentos voltarem e a voz, na parte mais aguda da tessitura, cantar a todo pulmão "Hora mortis nostra, nostre amém".

A construção da música – que começa com um ritmo marcado, ralenta e depois "explode" – se assemelha a de músicas compostas para festival em que *Arrastão* é um marco.[35] Só que a "explosão" se dá no momento em que a "nossa morte" é anunciada e com forte alusão ao aspecto quase religioso em que se dá a profissionalização e o funcionamento do meio cultural. O rito dos festivais – que cumpriam um papel importante de trânsito da experiência musical para o veículo de massa que se consolidava naquele momento, a televisão – é recoberto, em *Ave Maria*, pela oração cristã que pede a salvação de "nós, pecadores". A estratégia formal aqui – depois da morte nossa que ecoa, com certa felicidade, a meia morte nacional que a arquitetura do LP a essa altura estabelece de maneira mais evidente – aponta para a esfera religiosa em que se dava a modernização do país e do meio cultural. No aparente fim de disco, a morte que se insinuou

---

35 MELLO, A *era dos festivais, op. cit.*, p. 68

progressivamente ao longo do LP finalmente pode ser festejada em, também, uma espécie de ritual que celebra, ou torna positivo como em *Marginalia II*, o "nosso" fim, o fim, em boa medida, da nação.

*

Só que o LP termina antes do fim. Começa, em seguida, uma música indiana que remete às experiências com as sonoridades orientais que os Beatles faziam na época. O nós evocado na música anterior – no verso "Hora mortis nostra" – é substituído pela delimitação entre a primeira pessoa, que parecia englobar toda a nação em *Ave Maria*, e a terceira, como o próprio título da canção – *Eles* – indica, que separa "nós" e "eles". A caracterização dos outros se dá na mesma chave maniqueísta em que os *cowboys* apareceram ao longo do LP. Só que nessa canção a "eles" é adicionada a caracterização do pai de família conservador preocupado egoisticamente com sua auto preservação, como em momentos do disco de Gil.

Depois da curta introdução que remete aos Beatles, a canção começa sem qualquer relação com esse primeiro momento que acaba funcionando como uma espécie de vinheta. A música tem uma estrutura rítmica fixa um pouco frouxa na marcação do tempo com um chocalho que promove uma síncope constante. Isso, associado a um contrabaixo, promove a base para uma longa improvisação com o grupo de rock Mutantes em que a letra é sobreposta.

A música abandona a organização da composição como tinha se dado na maior parte do LP. Como em muitos sambas, rocks, jazz etc. uma base apoiará a música e sofrerá pequenas mudanças nos momentos em que o refrão se insinua em função da variação melódica da letra nestes momentos:

Alegres ou tristes
São todos felizes durante o Natal
(...)
Eles desde já querem ter guardado
Todo o seu passado no dia de amanhã
(...)
Está sempre à esquerda a porta do banheiro
E certa gente se conhece no cheiro

A composição anterior, *Ave Maria*, praticamente expôs a maneira para se criar empatia na plateia dos festivais pela organização das partes da música. Ao assumir uma composição mais livre – ou mais presa, dependendo do ponto de vista – o autor, como indicam a vinheta Beatles e a saudação final aos Mutantes "Os Mutantes são demais", parece, novamente, querer colocar em xeque a linha dura do samba. Isso ao mesmo tempo em que põe na estrutura rítmica uma síncope, que dá um travo particular na dinâmica – um dos centros de força do rock[36] – com uma pausa em relação ao tempo quadrado do contrabaixo, insinuando um samba justaposto à improvisação criada. Bruce Baugh,[37] autor que procura caracterizar uma estética do rock, argumenta que esse tem uma história particular ligada à música popular e essa tradição produz uma música para o corpo, não para o intelecto. Segundo o autor, parte da tradição da "grande música do ocidente" tinha como centro a composição e a altura das notas enquanto o rock está preocupado com a materialidade da música – entendida por Baugh pela maneira como o ouvinte a sente, por isso o foco na estética como indica o título de seu artigo, *Prolegômenos*

---

36   BAUGH, Bruce. "Prolegômenos a uma estética do você". *Novos estudos CEBRAD*, n. 38, mar. 1994.

37   Acompanho aqui a argumentação de Bruce Baugh. *Ibidem*.

FRIO TROPICAL: TROPICALISMO E CANÇÃO POPULAR   119

a uma estética do rock. Veloso parece estar nesse dilema, mas com a tradição da "grande música ocidental" funcionando no âmbito da indústria cultural. A forma como explicita na música anterior uma estrutura usada para ganhar o público nos festivais, como dito, evidencia a chave rebaixada em que as questões referentes à composição aparecem na esfera pública. Veloso difere de João Gilberto, que revela e potencializa as composições dentro, muitas vezes, da tradição popular, ao mesmo tempo em que coloca os aspectos materiais mais imediatos do som – timbre, intensidade, altura, duração – como elementos que funcionam em chave de igualdade, ou tentam ser inerentes à composição.

A letra parece tematizar o que nas outras canções apareciam muitas vezes como desenvolvimento formal – há um rebaixamento em relação à radicalidade das estratégias de composição das outras canções do LP. A voz – que aparece no seu momento máximo de proximidade à do autor, quase como uma crítica sem mediações – diz que "a vida começa no ponto final". O ponto final do LP pareceu ser dado, como dito, pela canção anterior. Depois do fim é como se a voz estivesse liberada para imediatamente ser o autor e, dessa maneira, poder fazer um julgamento de modo mais explícito – como a "distância" do "eles" indica. Este parece o chão da crítica de Veloso: a vida não acontece dentro dessa organização de tempo sem presente. Começa-se, então, a caracterização d'*Eles* em direção semelhante – o contraste entre o "bem" e o "mal" é bastante indicativo disso –, a dos *cowboys*. O medo d'*Eles* do pecado original e, consequentemente, de uma sexualidade mais livre é apresentado. Os próximos versos continuam com as suas certezas, dos *cowboys* e/ou pais de família, em relação ao dia de amanhã, até o momento em que essa perspectiva futura – depois de ser o "lugar" onde "eles" amam, tomam táxi, cantam hinos etc. – se revela como um excesso de precaução que imobiliza o presente já que se mostra como a prudência de quem na verdade tem medo desse dia. Essas canções que fazem uso dessa construção temporal acabam, segundo a música indica, acomodando o presente, servindo, inclusive, para neutralizar os problemas sociais, políticos, comportamentais etc. O segundo refrão sintetiza o desejo desse tempo sem transformação:

> Eles desde já querem ter guardado
> Todo o seu passado no dia de amanhã

A voz continua na intenção de promover a clivagem entre nós e eles explicitando o nexo central das "escolhas" deles: o medo de morrer sem dinheiro, a autopreservação mais imediata. Isso progride em lugares comuns que remetem ao egoísmo – "farinha pouca meu pirão primeiro" – ao respeito, em chave "natural", às relações de autoridade – "e há um só galo em cada galinheiro" – e aos amores puros e verdadeiros, ecoando o sentimentalismo criticado em músicas anteriores. A canção continua repetindo esses lugares comuns que naturalizam a vida cotidiana até o ponto em que se fica difícil discernir entre a voz que começou tentando promover uma clivagem entre "nós" e "eles", ou tentou criticamente caracterizar os que imobilizam o amanhã, e as vozes cotidianas que repetem frases prontas e ajudam a naturalizar o presente. A ironia não se coloca completamente já que as vozes se misturam a ponto dos versos "está sempre a esquerda a porta do banheiro/ e certa gente se conhece no cheiro" poderem ser lidos como mais um lugar comum repetido por uma voz qualquer ou como um forte ressentimento – dito em "voz própria" – em relação aos *cowboys* de esquerda que, na construção do LP, imobilizam o jogo político e cultural – uma espécie de discurso indireto livre com a pulverização total das vozes. Por fim, a letra repete, em ritmo de síntese, pedaços da própria canção:

FRIO TROPICAL: TROPICALISMO E CANÇÃO POPULAR   121

Em volta da mesa
Longe da maçã
Durante o natal
Eles guardam dinheiro
O bem e o mal
Pro dia de amanhã

*

Usando a própria canção como matéria, *Eles* promove uma espécie de síntese que envolve família – em volta da mesa –, dinheiro, religião, maniqueísmo, sexualidade, autopreservação burguesa e
essa construção temporal praticamente sem presente das músicas de
protesto. *Eles* ecoa, ainda, os versos de *Tropicália* na caracterização
dos grupos de esquerda e, por consequência, as crenças ou as ilusões
compensatórias em relação ao samba e, ainda, o sentimentalismo em
torno dessas crenças – "meu coração balança um samba de tamborim"; ecoa, nessa direção, também *Alegria, alegria* – "uma canção me
consola"; e, ainda, *Superbacana* com seu batalhão de *cowboys*. Nessa
espécie de síntese do LP, as notas fortes parecem recair sobre o ressentimento em relação aos opositores do tropicalismo: os estudantes
de esquerda, a linha-dura do samba e os conservadorismos "pai de família" em geral. No entanto, ela se dá dentro de uma construção em
que certo desenvolvimento musical presente nas canções anteriores
é colocado de lado e uma base musical relativamente fixa sustenta a
crítica aparentemente mais imediata do autor.

O clima de dispersão dessa "síntese", que chega até a pulverização da voz em lugares comuns, é significativamente diferente da
maneira como os elementos temáticos e musicais se apresentam na
maior parte do disco de Gil tendo *Domingo no parque* como, talvez,
um norte comum. É curioso que *Eles* foi gravada pelos Mutantes – a

letra é também de Gilberto Gil – que tocam em praticamente todo o álbum *Gilberto Gil* (1968). Essa pulverização de alguma maneira estava no horizonte formal de Veloso, *Alegria, alegria* talvez seja o exemplo mais evidente – e, de maneira mais leve ou mais "arranjada", no de Gil. O movimento da canção *Tropicália*, que começa com uma oposição musical entre duas partes que acabam se misturando em uma dispersão eufórica, parecia configurar de maneira crítica esse resultado formal. O ressentimento que dá o tom em *Eles*, no entanto, parece reduzir esse problema – que mostrava maior alcance, estético e político, na canção inicial e em boa parte da arquitetura do LP pontuando o ritmo desconjuntado da formação nacional e sua liquidação, ou mudança de rumo, naquele momento – ao âmbito dos pequenos trânsitos financeiros do mercado cultural. Isso, por um lado, coloca um dado real, crítico até, em relação às idealizações, comuns à época, sobre os vínculos entre as esferas culturais e políticas, mas, por outro, a naturaliza nesse mesmo momento da pulverização comercial. Nesse ponto – e não tanto por dificuldades técnicas ou problemas de liderança[38] – podem estar as origens das limitações formais do interessante, como o próprio autor nomeou, "aleijão" *Caetano*

---

38 Sobre a produção do LP Veloso diz: "De qualquer forma, fosse nas minhas relações com os maestros, com o produtor ou com os instrumentistas, para minha funda decepção – pois eu imaginara, em minhas noites de insônia, um controle dos meios que faria de meu disco um produto internacionalmente inatacável –, eu me mostrava extraordinariamente tímido. Minhas ambições eram muito maiores do que minha capacidade de concentração e de liderança – e eu via surgir um aleijão. Várias vezes, conversando com Gil sobre como o acaso, as pequenas peculiaridades psicológicas e vários outros imponderáveis (além, é claro, da evidente pobreza técnica e material em que vivemos no Brasil) se interpunham entre o que sonhávamos e o que podíamos fazer, ouvi dele que 'o espírito do subdesenvolvimento' assombrava os estúdios de gravação. Os Mutantes pareciam em larga medida imunes a esses eflúvios, e assim também – mas por outras razões – Rogério Duprat". (VELOSO, *Verdade Tropical, op. cit.*, p. 183)

Veloso (1968) – talvez um dos melhores trabalhos do autor. Se o critério de valor não for acabamento industrial, esse LP é no mínimo sua aventura mais complexa e arriscada.

Excurso:

Otimismo e sebastianismo na história recente do tropicalismo

> "Que vem a ser o otimismo?" perguntou Cacambo.
> "Ah! Respondeu Cândido, é a fúria de sustentar
> que tudo está bem quando está mal."
> E derramava lágrimas, contemplando o preto.
> (Voltaire, *Cândido ou o otimismo*)

Em uma coletânea de textos escritos por Caetano Veloso ao longo de sua vida, *O mundo não é chato*,[1] foi publicada na íntegra pela primeira vez uma conferência que o cantor e compositor proferiu no Museu de Arte Moderna do Rio de Janeiro em 1993. O título *Diferentemente dos americanos do norte* é tirado do começo dessa conferência que cita, sem dar de imediato a referência com o intuito, talvez, de apresentá-la como reflexão de um brasileiro, palavras de Jorge Luis Borges a propósito do caráter argentino:

> nosso povo, diferentemente dos americanos do norte e de quase todos os europeus, não se identifica com o Estado (…) O Estado é impessoal: nós só concebemos relações pessoais…[2]

---

1   VELOSO, Caetano. *O mundo não é chato*. São Paulo: Companhia das Letras, 2005.

2   *Ibidem*, p. 42.

128   CARLOS PIRES

Desse ponto o palestrante vai desvelando suas intenções:

> Saber em que medida podemos, sem nos iludir, fazer planos para o futuro – e mesmo sonhar – a partir de um aproveitamento da originalidade de nossa condição tomada em sua complexidade desafiadora.[3]

Ou, trocando em miúdos, como reeditar algum projeto nacional no começo dos anos 1990. Esse momento de abertura dos mercados, de transformação da experiência material urbana, reedita certos mitos ligados às modernizações do passado. A auto imagem que o Tropicalismo construiu, na linha do primeiro modernismo em versão estilizada, mescla um aproveitamento da originalidade nacional com as potencialidades técnicas e estéticas dos países desenvolvidos. Essa seria, novamente, a base para alavancar a nação no começo da década de 1990, momento em que a própria tecnologia – que traria "nossa redenção", como diz ironicamente a letra de *Parque industrial* de Tom Zé, presente no LP coletivo de 1968 – é um dos elementos chaves na "nova" vinculação do país aos ritmos dos capitais globalizados naquele momento. Os acordos internacionais daquela década, apoiados nessa nova configuração do mundo possibilitada em boa medida pelas transformações tecnológicas recentes, apontam para um deslocamento das instâncias das decisões econômicas e políticas para fora do país a ponto de se criar uma situação em que "tudo passa a ser problema do capitalismo, e não do Brasil".[4]

Dessa recuperação da originalidade nacional, remontada pelo autor desde a tradição ibérica e ao começo da era moderna com

---

3   *Ibidem*, p. 43.

4   FIORI, José L. *Brasil no espaço*. Rio de Janeiro: Vozes, 2001, p. 17.

Cervantes, Veloso acredita ser possível justificar "um programa de transformação do mundo nas bases de uma sensibilidade peculiar aos países do Mercosul".[5] Isso se daria acentuando a diferença com os países onde o capitalismo, na sua versão fria, floresceu, ou, para usar o paradoxo do autor, o capitalismo dos *Prometeus do fogo gelado*.[6] O pecado talvez fornecesse nesse contexto em que a palestra foi proferida, segundo Veloso, um conceito mais elástico que o de crime, "menos mensurável, qualitativo, e não quantitativo, e, sobretudo, mais aberto ao perdão".[7] A abertura de cunho político da palestra, a crítica a uma forma de racionalidade que se perverteu, se dá para chegar à intenção maior do autor: *falar em tom de PROFECIA UTÓPICA* [em caixa alta no texto original].[8]

O tom da palestra muda significativamente nesse momento e o seu tema em certa medida também. Veloso parte para um balanço do tropicalismo buscando uma espécie de perdão – talvez dentro do campo mais elástico que o pecado estabelece – em relação ao fato de ter contribuído na criação do sentimento de desencanto nacional. Compara o movimento que ajudou a forjar a uma descida aos infernos, a um ritual de passagem que levou à iniciação ao grande e verdadeiro otimismo da bossa-nova: um otimismo trágico que significava "violência, rebelião, revolução e também olhar em profundidade e largueza, sentir com intensidade, querer com decisão".[9] Esse otimismo é contraposto ao otimismo tolo dos que acreditavam

---

5   VELOSO. *O mundo não é chato, op. cit.*, p. 44.

6   *Ibidem*, p. 58

7   *Ibidem*, p. 44

8   *Ibidem*, p. 46

9   *Ibidem*, p. 47

130 CARLOS PIRES

> na força dos ideais de justiça social transformados em slogans nas letras das músicas e em motivação de programas de atuação. Os tropicalistas em que nos tornamos são da linhagem daqueles que consideram tolo o otimismo dos que pensam poder encomendar à História salvações do mundo.[10]

Toda a argumentação daqui para frente, turvada por tonalidades místicas, tenta expiar a negatividade e o pessimismo do tropicalismo com o intuito de fornecer uma explicação que justifique a passagem àquele otimismo da bossa-nova "que parece inocente de tão sábio: nele estão – resolvidos provisória, mas satisfatoriamente – todos os males do mundo".[11] A bossa-nova de João Gilberto funciona como padrão de medida em relação a como se deve encarar o país e sua cultura, ou como Veloso gosta de repetir e repete na palestra: "o Brasil precisa chegar a merecer a bossa-nova".[12] A especificação histórica que o autor em alguma medida faz para justificar – e expiar – a negatividade tropicalista não acontece quando a bossa-nova entra em questão, essa flutua como um valor abstrato na cultura nacional, quase como um ideal mítico. A delimitação mínima do contexto histórico do final dos anos 1950 – o adensamento da cultura nacional e popular ao longo desses anos, o ideal da revolução, ou ao menos de transformações sociais, em alguma medida no horizonte – não aparece em momento algum já que João Gilberto é um gênio que está fora de qualquer questão mundana. João Gilberto é um músico que conseguiu dar forma estética às contradições em que vivia e essa, ao que parece, é a sua genialidade. O problema é que na opinião corrente a bossa-nova

---

10 *Ibidem*, p. 48

11 *Ibidem*, p. 50

12 *Ibidem*, p. 51

FRIO TROPICAL: TROPICALISMO E CANÇÃO POPULAR 131

é o momento em que o país ofereceu para o exterior um produto de exportação de qualidade sem que se entre, na maior parte das vezes, no mérito dessa qualidade pouco percebida dentro do contexto da indústria cultural americana expandida para o mundo, que a entende em quase sua totalidade como música de fundo para tocar em aeroportos ou elevadores. A forma quase doentia de João Gilberto colocar a letra em pé de igualdade com a música sem que uma violente a outra, mantendo a integridade das duas nesse conflito específico, é compreendida, já que, entre outros motivos, não se entende o português na maioria dos casos, como fundo sobre fundo, como texturas, superfícies sobre as quais a vida imediata, cotidiana, pode acontecer. A tensão específica da canção – a relação entre a voz e o fundo musical, que não é bem fundo, pois não está atrás dela – é compreendida e valorizada, como produto de exportação, por algo que é quase o seu contrário, por ser uma forma praticamente sem tensão, sem conflito, que pode ficar ao fundo e às vezes se pode parar e ouvir. Esse olhar do estrangeiro reposiciona e valoriza a bossa-nova no contexto nacional como algo que resolve todos os males do mundo e esteriliza-a dos aspectos "violentos" que Veloso destaca com alguma razão. A bossa-nova parece fornecer à indústria cultural algo que cumpre – ou cumpriu – as difíceis exigências do seu idioma de naturalidade, para usar a expressão de Adorno e Horkheimer.

Continuando o argumento sobre a iniciação ao grande otimismo, Veloso chega ao tema que considera fundamental nessa descida aos infernos que começou em 67 – "fase ainda não superada" – com *Alegria, alegria,* considerada "um começar a mexer no lixo":[13] "uma visão auto depreciativa da nossa vida cotidiana e do seu quase nenhum

---

13 *Ibidem*, p. 51.

132   CARLOS PIRES

valor no mundo"[14] – tema que perpassa direta ou indiretamente grande parte dos estudos clássicos sobre o Brasil. E lembra, continuando a reflexão, a forma como Zé Celso costumava falar no caráter masoquista da estética tropicalista com sua "reprodução paródica do olhar estrangeiro sobre o Brasil e sua eleição de tudo o que nos parecesse a princípio insuportável".[15] Tudo que pareça pessimismo e negatividade ou, quase tudo, é elencado nos menores detalhes das composições e relacionado a outras manifestações do final da década de 1960, como o filme de Glauber Rocha, *Terra em transe*, onde acontece "a ostentação barroquizante de nossas falências, de nossas torpezas e de nossos ridículos".[16] Isso para novamente desembocar no otimismo e na necessidade de afirmá-lo no presente da palestra:

> É de volta [ou quase de volta já que, como Veloso insinuou acima, essa fase ainda não foi superada – em relação ao mexer no lixo com Alegria, alegria] de tais infernos que pretendo trazer visões utópicas.[17]

O recurso estético de recompor o olhar do exterior sobre a realidade do país que traz à tona os complexos de inferioridade nacionais parece paradoxalmente quase não fornecer autoconsciência para se pensar a bossa-nova vista pelos olhos estrangeiros, ou pelos olhos internalizados dos padrões de medida da indústria cultural.

A agressividade masoquista com que alguns tropicalistas tentaram explicitar o quase valor nenhum da vida cotidiana do país no mundo, recuperando aproximadamente as palavras do autor, que

---

14   *Ibidem.*
15   *Ibidem.*
16   *Ibidem*, p. 52.
17   *Ibidem.*

FRIO TROPICAL: TROPICALISMO E CANÇÃO POPULAR   133

parece ter rendimento crítico e estético naquele momento, revela, para bem e para mal, a posição heterônoma da nação em relação a um "mundo" abstrato, sem especificação. O passo, não muito otimista, da constatação do valor nenhum da vida no mundo das mercadorias, sem cair em um reencantamento da vida cotidiana, parece fora de pauta na maneira como os problemas são armados. A crítica e negatividade parecem funcionar em uma chave descrita por Jean-Claude Bernardet quando tenta caracterizar o clima em relação à indústria cultural naqueles anos:

> Havia uma certa ambiguidade no meio artístico da época, inclusive no meio artístico de esquerda. De um lado manter uma postura crítica em relação não só à ditadura, mas ao próprio capitalismo. De outro, buscar inserção na indústria cultural que então se consolidava no Brasil.
>
> (...)
>
> A percepção crítica de uma indústria cultural foi ignorada pelo meio culto cinematográfico desde os anos 1950 e, depois, pelo pessoal do Cinema Novo.[18]

Essa busca de inserção se atrela a um desejo de modernidade, a uma antecipação em chave quase mítica dos desenvolvimentos técnicos. O tropicalismo pareceu dar forma crítica a esse problema muitas vezes transformando os elementos teoricamente avançados do "mundo" em fetiches, configurando dinâmicas de elevação quase religiosas enquanto tematizavam aspectos urbanos cotidianos, ou da constituição nacional. O que parece problemático, no entanto, é que esse teor crítico parece se perspectivar de um lugar não muito

---

18   BERNARDET, Jean-Claude. Entrevista em: Revista *Margem Esquerda* 3. São Paulo: Boitempo, 2004, p. 24.

134 CARLOS PIRES

diferente daquele que é objeto dessa intenção crítica: modernizar a nação em chave não muito distinta da modernização que se operava quase naturalmente por meio da indústria cultural. O que gera esse delírio específico parece, no fundo, um desenvolvimentismo com 40°C de febre. A possibilidade mesma de um "pensamento avançado", crítico – ou que tenha essa aparência –, é dada pela falta de efetividade de qualquer debate, de qualquer coisa poder ser dita – até algo verdadeiramente crítico – sem que isso tenha quase nenhuma reverberação na experiência social. É como se já estivéssemos funcionando desde sempre no ritmo da "mentira manifesta", ou do grau zero de ideologia, como queria Adorno. A crítica contrastada, agressiva, que muitos tropicalistas realizavam, acaba tendo um funcionamento bastante particular no país. Se a indústria cultural promove um tipo de "rebeldia realista" que "torna-se a marca registrada de quem tem uma nova ideia a trazer à atividade industrial",[19] isso, atrelado ao atraso nacional, joga a possibilidade crítica para um terreno bastante complicado e difícil de trilhar. Essa espécie de encenação crítica, de aparência agressiva, que Machado de Assis[20] já trazia ao centro da sua composição no século XIX, parece ganhar algum tipo de validação, ou de fôlego extra, quando se cruza com o funcionamento da indústria cultural. A base de constituição desses processos que se cruzam são de ordens distintas – a nossa dinâmica do favor, por um lado, e seu funcionamento ideológico de segundo grau que se prolonga em alguma medida para o século XX , e por outro o Capital, com sua feição monopolística na indústria cultural americana na primeira metade

---

19 ADORNO, Theodor W.; HORKHEIMER, Max. *Dialética do esclarecimento*. Rio de Janeiro: Zahar, 1985, p. 123.

20 A agressividade agregada de José Dias é uma espécie de radicalidade que é radicalidade nenhuma, uma forma de adesão mais radical ao que aparentemente se critica.

FRIO TROPICAL: TROPICALISMO E CANÇÃO POPULAR   135

do século XX, antes de se espalhar pelo mundo, no seu funcionamento ideológico de grau zero, como formulou Adorno e Horkheimer. Mas parece que isso aponta para rearranjos interessantes entre a má-formação nacional e a pseudoformação como Adorno a pensou em relação à cultura no século XX.

A negatividade e o pessimismo parecem só poder comparecer na palestra de Veloso na medida em que conduzam a um otimismo que os purifique. Depois do balanço da negatividade tropicalista, com a volta dos "tais infernos", Veloso começa a exposição das suas "visões utópicas".[21] O ponto inicial dessa é quando, rumo ao exílio em 1969, após sua prisão, passa por Sesimbra, em Portugal, com Roberto Pinho para conversar com um alquimista e sebastianista e comunica na íntegra a letra da canção *Tropicália*. Para a sua surpresa o alquimista não percebeu nenhuma ironia, nem pessimismo, "nenhum desejo da denúncia do horror que vivíamos até então".[22] Tudo foi interpretado em uma chave de um destino grandioso para o Brasil que aos poucos foi fascinando o autor:

> Mas que aquele homem não quisesse levar em consideração que na minha canção eu descrevia um monstro e que esse monstro confirmara sua monstruosidade agredindo-me a mim era algo que à medida que ia acontecendo ia-se-me tornando mais fascinante do que irritante.[23]

A canção *Tropicália* parece o centro em relação ao qual emana uma negatividade difícil de se adequar à "esperança" modernizante que se abria ao Brasil no começo dos anos 1990. É curiosa,

---

21 VELOSO, *O mundo não é chato, op. cit*, p. 52.

22 *Ibidem*, p. 53.

23 *Ibidem*.

na afirmação do autor, a falta de distância que Veloso estabelece em relação à voz que diz *eu* na canção. A voz é ele, ou torna-se ele, sem nenhum tipo de mediação. Essa canção bastante interessante, recuperando a análise feita, tem a composição organizada por dois momentos musicais bem marcados e contrastantes: o primeiro com uma tensão maior construída principalmente pelo arrastar grave dos instrumentos de sopro enquanto se canta a letra; e o refrão, em um segundo, que dilui esse primeiro momento com uma percussão sincopada. Essa alternância se mantém, com pequenas transformações, relativamente fixa até certo trecho em que a primeira parte musical, onde a letra é cantada, desaparece e tudo vira distensão sincopada. Isso se dá quando o monstro que Veloso cita na palestra – ou o monumento-monstro – coloca "os olhos grandes" sobre aquele que canta. O indivíduo que rumava em direção a Brasília, aquele que antes na canção *organizava, orientava* e *inaugurava*, vai para uma situação bem diferente: passa para a condição de observado por um outro de "olhos grandes" dando uma satisfação aos ouvintes – da canção e dos "cinco mil alto-falantes" –, de um olhar que o acua. O eu lírico aparece ainda uma segunda vez, depois de sua estreia potente no começo da canção, dentro da mítica da moda.[24] Recuperando ainda a análise, no momento máximo de elevação da música, História, sujeito, nação etc. perdem o contorno ou a resistência e se convertem em elementos justapostos, esvaziados, no cotidiano organizado, principalmente, pela televisão. A canção seria – é, se ignorarmos o que seu autor diz sobre ela – um achado estético. Mas, segundo a perspectiva de Veloso que assume a voz sem qualquer mediação, é pura negatividade que conduz à constatação fatalista da impotência nacional.

---

24 "O monumento é bem moderno/Não disse nada do modelo do meu terno".

FRIO TROPICAL: TROPICALISMO E CANÇÃO POPULAR   137

O que parece à primeira vista senso crítico se revela, novamente, como a quase nenhuma reverberação de uma posição crítica na experiência social do país. A falta de distância que Veloso tem dos materiais que em alguma medida quer, ou quis, como ele próprio diz, expor em chave de denúncia é reveladora desses limites de circulação das ideias nas esferas públicas nacionais. Continuando a palestra ele comenta:

> De modo que, em Sesimbra, eu passei gradativamente do espanto de ver a minha canção "Tropicália" resgatada por uma visão que anulava sua contundência crítica à relativa adesão à perspectiva dessa visão: comecei a ver "Tropicália" – e a pensar o tropicalismo – também à luz do sebastianismo, ou melhor, da minha versão do sebastianismo.[25]

É curiosa a forma como a modernização que Veloso empreende na canção buscando um lugar urbano nacional particularizado para perspectivá-la a partir de *Alegria, alegria* – lugar esse que ganha força, é bem verdade, por se contrapor em alguma medida ao universo rural tão valorizado pelas canções da MMPB dos anos 1960 – acabe por reeditar aspectos místicos e religiosos do século XVI português. O que parece avançado e crítico nas composições tropicalistas de Veloso acaba se convertendo, segundo ele e para ele, na necessidade de se afirmar um novo encantamento do mundo nos moldes religiosos, ou algo nessa direção. E é daí que se dará o "aproveitamento da originalidade de nossa condição tomada em sua complexidade desafiadora"[26] ou a sua profecia.

Desse momento da palestra Veloso passa a uma leitura dos descaminhos das civilizações mediterrâneas para justificar, dentro da nossa

---

25 VELOSO. *O mundo não é chato, op. cit*, p. 56.

26 *Ibidem*, p. 43.

origem portuguesa, a sua frase de que "Nunca chegamos a ser um país bom".[27] Disso recompõe em ritmo de almanaque a forma como o capitalismo se constituiu nos países frios e a vantagem que o Brasil teve em escapar de uma escravidão maior que poderia ter se dado caso o país estivesse mais próximo ao desenvolvimento da racionalidade dos países do centro:"Considerar vantajosas até mesmo as condições adversas que a História nos presenteou".[28] Essas vantagens estão confinadas, como a figuração do país como um artista superior deixa entrever, apenas à dimensão cultural – que internamente ganhou um estatuto relativamente autônomo no final dos anos 1960, no contexto do tropicalismo, dentro da profissionalização do meio cultural no país. E, externamente, as vantagens estão associadas ao *cultural turn* que o capitalismo deu aproveitando a mão de obra dos desmobilizados de Maio de 68:[29]

> Só na perspectiva do país artista superior que nós temos o dever de perceber que a História nos sugere que sejamos é que podemos revalorar aspectos do nosso atraso como sinais de que casualmente escapamos de uma escravidão maior no misterioso desvelar do nosso destino.[30]

Veloso continua fazendo uma contraposição da canção *Tropicália* com a *País tropical* de Jorge Ben – sempre na chave de tentar redimir o pessimismo e a negatividade da própria canção e do movimento que ajudou a fundar –, enquanto qualifica seu "herói estético e

---

27   *Ibidem*, p. 57.

28   *Ibidem*, p. 59.

29   ARANTES, P. *Zero à esquerda*. São Paulo: Conrad Livros, 2004, p. 210.

30   VELOSO, *O mundo não é chato, op. cit.*, p. 60.

FRIO TROPICAL: TROPICALISMO E CANÇÃO POPULAR 139

psicológico",[31] o próprio Jorge Ben, como o homem que habita o país utópico trans-histórico. Essa comparação acontece como forma de abrir espaço para abordar esse mesmo país utópico, ou para que possa especificar a forma como concebe o país "hoje" – começo dos anos 1990. O centro da sua visão encontra na filosofia de Antonio Cicero dados que a confirmam. A tensão entre entropia e caos, que o filósofo usa como um dos centros para desdobrar sua reflexão, encontra certa semelhança à tensão que perpassa as composições do autor da palestra, segundo o próprio. Veloso, não como mero escravo das canções, como diz, acredita que os aspectos entrópicos devam ser superados, e que "O colorido do caos (…) é absolutamente indispensável à composição da nação sonhada, a estamparia das vestes do povo desse país do futuro".[32] Muitas músicas tropicalistas apontam para o problema que existe em resolver as contradições do presente em um futuro redentor, tema que se encontra em outros compositores em um período anterior e conco-mitante ao tropicalismo. Em um artigo de 1968, Walnice Nogueira Galvão expõe e analisa essa questão mostrando que as saídas de Veloso para escapar desse encontro marcado com o futuro possuem um aspec-to desmistificador em relação àquela realidade:

> O essencial – o caráter consolador dela [MMPB] – nunca é mencionado. Mas, na nebulosidade da MMPB, surge uma única vez, quase subliminarmente, uma fulguração de lucidez: "…e uma canção me consola…". Tiremos o chapéu a Caetano Veloso: dentre nós todos, só ele ousou confessá-lo.[33]

---

31 *Ibidem*, p. 60.

32 *Ibidem*, p. 62.

33 GALVÃO, Walnice N. "MMPB: uma análise ideológica". In: *Saco de gatos*. São Paulo: Duas Cidades, 1976, p. 112.

140   CARLOS PIRES

Veloso parecia ter consciência desse problema a ponto de transformá-lo em matéria de suas composições: no verso de *Tropicália* – "meu coração balança um samba de tamborim" – está condensada a crítica do autor ao samba como a solução mágica das contradições políticas do país assim como, em chave semelhante, o trecho de *Alegria, alegria* apontado pela autora. *Eles*, música que termina seu LP de 1968, apresenta a crítica ao dia de amanhã e ao maniqueísmo de alguns grupos de esquerda de forma muito mais explícita. O futuro é tão certo nessa construção que a música apresenta – "Eles desde já querem ter guardado/Todo o seu passado/no dia de amanhã" – que se presentifica de forma perversa imobilizando, inclusive, as próprias perspectivas de transformação que as canções de protesto acalentavam.

Walter Benjamin, em outro contexto histórico, alertou para um problema de base semelhante em relação à ação, ou a falta dela, que a social-democracia alemã propunha no contexto posterior à Revolução Russa:

> Uma vez definida a sociedade sem classes como tarefa infinita, o tempo homogêneo e vazio transformava-se, por assim dizer, em uma ante-sala, em que podia se esperar com mais ou menos serenidade a chegada de uma situação revolucionária. Na realidade não há um só instante que não carregue consigo a sua chance revolucionária – ela precisa apenas ser definida como uma chance específica, ou seja, como chance de uma solução inteiramente nova.[34]

Existe, forçando a mão e desconsiderando as determinações históricas, certa afinidade em relação a essa posição e a perspectiva crítica que Veloso tem da organização do tempo em muitas canções

---

34   LÖWY, M. *Walter Benjamin: aviso de incêndio*. São Paulo: Boitempo, 2005, p. 134.

FRIO TROPICAL: TROPICALISMO E CANÇÃO POPULAR 141

de protesto, pelo que se depreende do tipo de denúncia que faz em *Eles*. Só que o limite dessa crítica a esse tempo sem presente parece ter como solução a instauração da temporalidade mítica da moda, também sem presente – ou com um presente sem determinações históricas, afinado com muitas tendências pós-modernas. O que parece ironia, crítica, no final da canção *Tropicália* – ela terminar afirmando uma temporalidade circular, depois de "resolvida" a tensão entre os dois momentos do arranjo, ligada à esfera da televisão e da moda – é, pelo que a palestra parece indicar, a verdade de fundo do compositor, sua verdade tropical – construída posteriormente. Veloso foi bastante perspicaz ao perceber e expor criticamente em suas canções, depoimentos e atitudes como as ideias de povo, nação e, até, revolução, estavam se convertendo naquele momento em acessórios para aumentar o lucro dos programas de televisão e da indústria fonográfica. Mas parece que o limite crítico dessa construção – que teve, ao que parece, um papel desmistificador no final dos anos 1960 – se dava do próprio lugar de onde se perspectivava, a esfera da moda. Walter Benjamin, comentando o aspecto contraditório disso ainda nas suas teses sobre o conceito de história, salienta que

> A moda tem faro para o atual, onde quer que este se mova no emaranhado do outrora. Ela é o salto do tigre em direção ao passado. Só que ele ocorre numa arena em que a classe dominante comanda. O mesmo salto sob o céu livre da história é o salto dialético, que Marx compreendeu como sendo a revolução.[35]

Parece que o sebastianismo de Veloso – diferente do messianismo cruzado com a ideia de revolução evocado por Benjamin em

---

35 *Ibidem*, p. 119.

142 CARLOS PIRES

suas teses – se alimenta dessa "absurda superstição do novo",[36] ou, como dito antes, de um desenvolvimentismo com 40 graus de febre. Funciona, talvez, dentro da mesma organização temporal que denuncia. A dimensão da moda e a esfera do consumo são, como o tempo mostrou e o próprio autor afirma em diversos momentos da palestra, a sua perspectiva modernizante.

A palestra continua citando um trecho de Cacá Diegues que diz que o paradoxo do Brasil está

> em, sendo capaz de oferecer prefigurações da solução de alguns problemas que poucos países conseguem efetivamente enfrentar, não ter conseguido efetivamente enfrentar alguns problemas que muitos outros países já resolveram total ou parcialmente.[37]

Pondera que talvez isso tenha aparência de fantasia compensatória de um povo frustrado, mas começa a abrir na imaginação as grandes possibilidades futuras para o país – seu sebastianismo – até concluir: "Nesse estágio está a minha loucura".[38]

Abre, em seguida, um único parágrafo para sua sensatez: "Naturalmente, tenho capacidade para a sensatez".[39] Essa, em linhas gerais, aponta para a necessidade de defender as conquistas da constituição de 88 com unhas e dentes. Mas Veloso não se "sente inclinado a participar do horror ao capital estrangeiro ou da defesa das

---

36   *Ibidem*, p. 120.

37   VELOSO, *O mundo não é chato, op. cit.*, p. 62.

38   *Ibidem*, p. 65.

39   *Ibidem*.

FRIO TROPICAL: TROPICALISMO E CANÇÃO POPULAR 143

estatais".[40] Fiori apresenta uma leitura da conexão entre esses temas centrais para a história recente do país:

> Foi essa crítica liberal [que a crise dos anos oitenta tinha acontecido em função do "populismo macroeconômico" dos militares] que legitimou o descumprimento por parte dos conservadores, dos compromissos sociais e federativos que haviam assinado junto com a Constituição de 1988. E foi esse diagnóstico – quase ridículo – da crise que orientou o desmonte e depois a destruição, na década de 90, do Estado brasileiro e dos seus instrumentos de intervenção, de uma parte expressiva de suas cadeias industriais e também de boa parte da infraestrutura construída nos trinta anos desenvolvimentistas.[41]

A sensatez de Veloso corresponde ao conservadorismo que com a fachada da "constituição cidadã" de 88 operou a transferência – e a internacionalização – das instâncias das decisões políticas e econômicas nacionais aos ritmos do capital estrangeiro mais do que já era. O cantor e compositor diz, continuando sua sensatez, que "me interessa saber o que o Brasil diria ao mundo se ele pudesse se fortalecer; o modelo econômico para chegar a esse fortalecimento sendo de importância secundária".[42] E termina, dando acabamento a esse conservadorismo, afirmando que qualquer experiência socialista em um país como o nosso significaria uma hecatombe política mundial e só "somaríamos ao sombrio mundo comunista mais um gigante com cãibras burocráticas e boçalidade policial".[43]

---

40 *Ibidem.*

41 FIORI, *Brasil no espaço, op. cit.*, p. 32.

42 VELOSO, *O mundo não é chato, op. cit.*, p. 65.

43 *Ibidem*, p. 66.

144   CARLOS PIRES

Volta no parágrafo seguinte a sua insensatez – como ele mesmo a denomina. Lembra –, a partir da expressão "Portugal já civilizou Ásia, África e América – falta civilizar a Europa",[44] de Agostinho da Silva – das dificuldades políticas, religiosas, econômicas etc. que a Irlanda passou, mas conclui dizendo que o que se pensa quando esse país vem à cabeça não é uma simples situação de fracasso, vem não só "Joyce, Wilde, U2, Sinead O'Connor, Yeats ou Neil Jordan, que marcaram o mundo usando a língua do opressor – pensa-se no fogo irlandês, na teimosia, nos cabelos de Maureen O'Hara e no álcool".[45] Os aspectos culturais vinculados à nacionalidade mais imediata até com certo toque pitoresco são o que importam, segundo o autor que, ao que parece, confina o seu nacionalismo em uma dimensão estritamente cultural. Já outras esferas da nação podem ser internacionalizadas e ficarem à mercê dos capitais estrangeiros. No final das contas, já que as decisões econômicas e políticas são tomadas em grande medida fora do país, seu nacionalismo é desprovido de nação – ou é algo só cultural, no sentido rebaixado que cultura adquiriu em sua quase total indiferenciação com o consumo. Veloso expõe, em seguida, uma possível aliança entre os países que ficaram à margem do capitalismo e acredita que eles "podem e devem tomar nas mãos as rédeas do mundo, fazendo-o transcender o estágio nórdico e sua ênfase bárbara na tecnologia".[46]

Na reta final da sua conferência parte para um balanço das suas conquistas – e do país – relevantes desde o final dos anos 1960:

> Pensei em como, nos anos 1960, lutamos contra as hierarquias e superindividualizamos a moda. Depois, dos anos

---

44   *Ibidem.*

45   *Ibidem*, p. 67.

46   *Ibidem.*

FRIO TROPICAL: TROPICALISMO E CANÇÃO POPULAR   145

> 1970 em diante, sofri ao ver a vulgaridade dos trajes anarquicamente usados em toda parte: senhoras em bermudas apertadas e camisetas com a cara do Mickey entrando em bancos; aeroportos cheios de pernas peludas sustentando verdadeiros cartazes com palavras em inglês (...) imaginei então o Brasil encontrando e inventando naturalmente novas formas de vestir.[47]
>
> (...)
>
> Mas o que eu espero para o Brasil é uma revolução na história do traje, pontuada por algumas personalidades, mas de força coletiva.[48]

Continua – depois de afirmar novamente a esfera da moda como campo de atuação privilegiado para o país – justificando o papel que ocupa na indústria cultural dizendo que se mantém ali para assegurar, ou tentar, um equilíbrio na média das canções, ou para assegurar um determinado padrão de produção em detrimento de um trabalho experimental. Mantém-se ali por humildade, por não querer estar "demasiado à frente, ou acima, ou à margem"[49] – quer dirigir sua ambição para a cultura popular de massa. Essa sofreu importantes transformações no final dos anos 1960, no curto momento de duração do tropicalismo, que precisam de alguma especificação. Com a profissionalização de diversos setores culturais e a transformação nos meios urbanos, acreditou-se que o país estava se transformando, o que em certo sentido acontecia. Essa modernização em grande medida suspendeu certa tensão que se armava na realidade brasileira com os desdobramentos do golpe de 1964, suspensão que teve uma solução

---

47   *Ibidem*, p. 68.

48   *Ibidem*, p. 69.

49   *Ibidem*.

146 CARLOS PIRES

positiva dada ao final dessa mesma década pelo Estado autoritário com o Ato Institucional número 5 e a televisão funcionando em rede nacional. Até esse momento o governo militar tinha mantido certa liberdade dos intelectuais de esquerda dentro das áreas culturais,[50] que funcionou, de certa forma, como uma colocação externa dos contornos entre as esferas – política e cultural – que não tinham se formado com consistência até aquele momento, pelo menos não com a consistência dos países do centro do capitalismo. Esses contornos ajudaram a promover na prática o isolamento das esferas culturais e políticas que em alguma medida se potencializaram no final dos anos 1950 e em boa parte dos 1960. Com o auxílio do governo militar, no final da década de 1960 o país deu um importante passo rumo à modernização – conservadora – nos moldes da indústria cultural. A profissionalização da cultura[51] nessas condições e com o auxílio do filtro militar possibilitou a incorporação da ideia de transformação

---

50 Em relação à situação da esquerda após o golpe militar de 1964, Schwarz, em seu famoso artigo, comenta: "Entretanto para a surpresa de todos, a presença cultural da esquerda não foi liquidada naquela data, e mais, de lá para cá não parou de crescer. A sua produção é de qualidade notável nalguns campos, e é dominante. Apesar da ditadura de direita há relativa hegemonia de esquerda no país", e, mais para frente: "Os intelectuais são de esquerda, e as matérias que de um lado para as comissões do governo ou do grande capital, e do outro para as rádios, televisões e os jornais do país, não são. É de esquerda somente a matéria que o grupo – numeroso a ponto de formar um bom mercado – produz para consumo próprio. Esta situação cristalizou-se em 64 quando grosso modo a intelectualidade socialista, já pronta para prisão, desemprego e exílio, foi poupada. Torturados e longamente presos foram somente aqueles que haviam organizado o contato com operários, camponeses, marinheiros e soldados. Cortadas naquela ocasião as pontes entre o movimento cultural e as massas, o governo Castelo Branco não impediu a circulação teórica ou artística do ideário de esquerda" (SCHWARZ, Roberto. "Cultura e política, 1964-1969". In: O pai de família e outros estudos. Rio de Janeiro: Paz e Terra, 1992, p. 65).

51 Sobre o assunto ver: MELLO, Zuza Homem M. A era dos festivais. São Paulo: Ed. 34, 2003 e ORTIZ, Renato. A Moderna Tradição Brasileira. São Paulo: Brasiliense, 1987.

política e social como mercadoria cultural – e/ou qualquer outro material em ritmo de acessório para valorizá-lo no mercado – em um grau que aponta, talvez, para uma transformação qualitativa. A denúncia dessa situação, como dito, estava no horizonte dos tropicalistas. É verdade que a censura intensificou sua ação com o AI-5, mas ela, em diversos momentos, tinha sido incorporada internamente aos produtos culturais a ponto de virar uma espécie de interlocutora[52] privilegiada nas construções narrativas – às vezes criticamente, às vezes, também, como acessório externo para valorização. Por outro lado, quando o objeto apresentava arestas excessivas, a censura proibia-o ajudando no processo de uniformização da cultura até essa afirmar seu próprio ritmo.[53] A própria ideia de nação muda de significado em relação aos projetos nacionais anteriores – isso ao mesmo tempo em que de certa forma o país se integra por meio da rede nacional de televisão. Nacional e popular deslocam nesse momento sua significação para, respectivamente, algo próximo a rótulo de exportação – mais do que já era, pois em ritmo de mentira manifesta intensificada pela violência militar – e massa consumidora, caso se tenha algum poder de compra. Isso a ponto de mais de 20 anos depois Veloso poder afirmar, em uma nova onda de otimismo modernizante –, ancorado em última instância na mesma ênfase bárbara na tecnologia que ele critica – que a contribuição nacional será nos trajes para mostrar no "mundo" – ou, trocando em miúdos, para exportação. E nessa direção continua seu balanço:

---

52 Flora Sussekind comenta a relação particular das produções estéticas com a censura: SUSSEKIND, F. *Literatura e vida literária*. Rio de Janeiro: Zahar, 1985.

53 "A obrigatoriedade universal dessa estilização [a obrigatoriedade de se falar o idioma da indústria cultural] pode superar a dos preceitos e proibições oficiais." ADORNO e HORKHEIMER, *Dialética do Esclarecimento, op. cit*, p. 121.

148 CARLOS PIRES

> a versão tropicalista [da antropofagia de Oswald de Andrade]
> levou (...) à regeneração do mercado de música popular no
> Brasil, à elevação do nível intelectual de sua produção e sua
> crítica, a outro tipo de diálogo com o estrangeiro.[54]

O caminho que a canção *Tropicália* faz, com certa consequência crítica ainda que problemática, como se tentou mostrar, é refeito pela palestra de Veloso que parte de uma intuição, complicada é verdade, de uma forma de subjetividade com maior capacidade de decisão forjada no final dos anos 1950 – onde a bossa-nova de João Gilberto fornece o modelo – até uma situação em que a indústria cultural – e a moda – se coloca como natural, como a verdade possível – sua verdade tropical – que mantém o país preso – vigiado pelos "olhos grandes" – à heteronomia, com traços paranoicos na canção, do "bom gosto" técnico decidido também, em última instância, no exterior:

> O monumento é bem moderno
> Não disse nada do modelo do meu terno

O monumento-nação construído em *Tropicália* termina por afirmar olhos estranhos que deixam quem fala na letra em uma atitude apenas reativa e de adequação a certos padrões que se colocam de fora. Essa parece a verdade negativa da canção, a revelação de que o país entrou em outro ritmo de funcionamento que roubou a frágil margem que existia, ou pareceu existir, de possibilidade de constituição autônoma – o que em alguma medida aconteceu no final dos anos 1960.

Veloso continua afirmando que devemos em relação à nação – na nova consistência que esse termo adquiriu – fazer projetos para o futuro e sonhar. Em primeiro lugar distribuir renda, amadurecer

---

54 VELOSO, *O mundo não é chato*, *op. cit*, p. 70.

FRIO TROPICAL: TROPICALISMO E CANÇÃO POPULAR   149

a noção de cidadania e elevar nosso nível de competência. E sonhar com libérrima originalidade no ritmo do capitalismo estetizado para nos sentirmos não em um universo, mas em um "pluriverso polimorfo".[55] Comenta, então, o amadorismo imperdoável dos discos tropicalistas. O amadorismo e a falta de acabamento dos produtos da cultura nacional – que tem como padrão de medida a indústria cultural norte-americana e a bossa-nova de João Gilberto – parecem uma obsessão do autor em seu livro *Verdade Tropical*. Os olhos grandes postos sobre ele dão no final das contas a régua e compasso que em boa medida validam, ou não, sua verdade tropical. No fim do balanço parece que a ala vitoriosa da Tropicália se orgulha da preparação – até psíquica – do sujeito para as novas formas de dominação de um mundo, como se diria hoje, globalizado. O que não deixa de ser irônico é que eles se colocam como agentes dessa nova realidade que ao mesmo tempo não comporta mais formas contraditórias no grau que eram as composições tropicalistas ou os filmes do cinema novo e outras manifestações da década de 1960. Os agentes desse processo rebaixaram muito as próprias pretensões, o que gerou canções que vendem mais – quando são trilha de novela – mas não possuem a espessura e a complexidade dos primeiros mal acabados LPs. Seus autores tiveram que limar – ou uniformizar – os aspectos contraditórios das canções e da história recente – como a purificação da negatividade da conferência parece indicar – para se adequarem às mesmas exigências rebaixadas das quais se acreditam, e foram em certa medida, profetas.

---

55 *Ibidem.*

GRANDE LIQUIDAÇÃO (1968)

A burrice é uma cicatriz[1]

Minha dor é cicatriz
Minha morte não me quis[2]

O LP tropicalista de Tom Zé saiu depois de *Caetano Veloso* (1968) e *Gilberto Gil* (1968), no final daquele mesmo ano, e foi o único a ter título: *Grande Liquidação*. Sua música inicial, *São São Paulo*, ganhou o IV Festival da Música Popular Brasileira naquele ano. A canção foi interpretada por grande parte do público como uma homenagem à cidade, o que não deixa de ser. O caráter contraditório, que o próprio refrão apresenta de maneira quase didática, parece ter sido pouco percebido como apontam as gravações de época que mostram o público cantando apenas o segundo verso do refrão repetido duas vezes, dado que Tom Zé lembra em diversos depoimentos e entrevistas:

São São Paulo, quanta dor
São São Paulo, meu amor

---

1 ADORNO T.; HORKHEIMER, M. *Dialética do esclarecimento*. Rio de Janeiro: Zahar,1985.

2 Trecho da canção *Dois mil e um* de Tom Zé e Rita Lee.

A tentativa de caracterizar aquela experiência urbana particular, nova em certa medida, presente em Gil e Veloso também está presente em *Grande liquidação*. *São São Paulo* começa com um pandeiro de mão espaçado e uma gaita entoando uma melodia que remete às paisagens áridas dos filmes de faroeste. Essa melodia se mostra mais tarde, dentro de outro contexto rítmico, como a do refrão "homenageando" a cidade. Depois dessa introdução em que se soma uma guitarra ao final da melodia e um coro que acompanha vocalizando a gaita, entra a bateria – "galopando" –, baixo e outros elementos, enquanto o coro canta o refrão acima.

Essa cavalgada inicial que reverbera ao longo da composição – o primeiro verso a carrega em sua estrutura rítmica, "São *Oito* mi*lhões* de habi*ta*ntes" – é mais um aspecto contraditório dessa homenagem. A caracterização urbana da canção passa por elementos que remetem a um universo rural – com alguma ironia em relação a esse já que o referencial insinuado é de um rural estrangeiro presente na experiência urbana por meio de filmes produzidos nos Estados Unidos.

A primeira estrofe apresenta, a galope, a multidão presente nesse espaço urbano

> São oito milhões de habitantes
> De todo canto e nação
> Que se agridem cortesmente
> Correndo a todo vapor
> E amando com todo ódio
> Se odeiam com todo amor
> São oito milhões de habitantes
> Aglomerada solidão
> Por mil chaminés e carros
> Gaseados a prestação

Porém com todo defeito
Te carrego no meu peito

Essa multidão composta por gente "de todo canto e nação" é apresentada em bloco. Os oito milhões de habitantes parecem formar um corpo que se movimenta pela cidade. Esse bloco não uniforme que se esbarra cortesmente, que ocupa o pouco espaço com alguma "civilidade moderna", acaba por compor o oxímoro "aglomerada solidão", imagem central no jogo das contradições da estrofe – que antes havia passado, inclusive, por lugares comuns de "mau gosto" como "amor e ódio" e, quem sabe pior, seu "contrário" "ódio e amor". Esse "confronto" de opostos que acontece em diversas direções e níveis no LP parece um dos centros de força de *Grande Liquidação*. Esse trânsito acelerado entre construções de "baixo nível" e "sofisticadas", parece carregar, como em muitos trabalhos dos anos 1960, a vontade autêntica de diálogo com as camadas populares.[3] Como em alguma medida Gil e Veloso, Tom Zé parece ter figurado, só que a seu modo, confrontos que se deram na experiência histórica daquele momento.

O arranjo, executado em grande parte pelo grupo *Os brazões*, é de Sandino Hohagem e Damiano Cozzela, maestros do grupo Música Nova. Nas três estrofes, um momento de maior tensão em que um órgão é atacado acompanhando a aceleração da bateria – e do baixo que a acompanha – se alterna a um de mesma duração em que a bateria para e o órgão passa a promover um fundo harmônico, atacado por um tempo maior, para a voz que soa mais livre. Acontece, em seguida, um retorno, com metade da duração, ao primeiro momento e, por fim, repetindo os mesmo versos nas três estrofes – "porém com todo defeito/te carrego em meu peito" – outro retorno similar, também

---

3   Sobre o assunto, ver cap. "Gil".

com metade da duração, na parte em que a voz soa mais solta. Uma breve preparação para o refrão acontece ao final da estrofe com uma, provavelmente, guitarra e, por fim, o refrão, em que essa mesma corda é atacada ritmicamente, é cantado junto aos outros instrumentos em uma espécie de galope. O arranjo, mesmo mantendo essa estrutura descrita, é progressivamente colorido por sopros que se insinuam na segunda vez em que o refrão é cantado. Esses preparam o próximo refrão como, de certa forma, a guitarra anteriormente; participam dele em seguida e estabelecem contrapontos aos instrumentos até o final da canção, promovendo certa euforia crescente.

Um novo bloco temático se coloca na segunda estrofe, a caracterização sai do enquadramento geral da multidão e foca – como em muitos outros momentos do LP, principalmente em seu lado A – um dos alvos do tropicalismo: a "moral pai de família". Em alguma medida, tanto o LP de Gil quanto o de Veloso abordam em suas canções esse "inimigo do tropicalismo",[4] mas esse tema é tratado de modo menos genérico em *Grande Liquidação* e, ao que parece, de forma menos fácil do que uma primeira impressão do disco pode sugerir. Nessa segunda estrofe, o narrador assume a voz que pede salvação – a falta de limite entre os discursos sociais, políticos, econômicos etc. e os religiosos é quase uma obsessão nas canções do LP – pelas pecadoras, provavelmente prostitutas, que invadiram o centro da cidade ameaçando a tradição, a família – e, em certa continuação dessa perspectiva na canção que encerra o lado A, a propriedade. Esse foi o contexto, como dito anteriormente, que serviu de esteio ao golpe militar, ou à "revanche da província", para usar novamente a expressão do crítico literário Roberto Schwarz.

---

4   Ver sobre o assunto a análise de *Eles*, no capítulo 2, e *Domingou* e *Ele falava nisso todo dia*, no capítulo 1.

No último deslocamento temático, na terceira estrofe – dentro da euforia crescente que os sopros introduziram –, a televisão e os avanços eletrônicos, que transformavam de forma acelerada o cotidiano, entram em foco. A "substituição" de uma lógica religiosa nos arranjos de casamento, mais comuns em um meio rural, por aparentemente outra dos programas de televisão que fazem esse papel é o ponto que dá a abertura para o começo da caracterização da mitologia "moderna" que envolve tecnologia, progresso, "avanço industrial" etc. Essa atualização particular do atraso, ou esse trânsito entre mitologias, é outro centro formal de *Grande Liquidação*. "Os ministros de cupido", dentro desse novo contexto, depois da demissão de Santo Antônio e "armados da eletrônica", promovem os casórios; ministros aqui talvez funcione em uma acepção eclesiástica – no dicionário Houaiss: aquele que, na religião, exerce um ministério, um ofício, uma função, como pregar, administrar os sacramentos" – ou simplesmente em uma acepção mais antiga que se sobrepõe em certa medida à anterior, "aquele, que executa os desígnios de outrem; medianeiro, intermediário, executor". Em seguida, no primeiro momento de distensão da estrofe, a naturalização – com uma imagem um tanto fácil, facilitada, ainda, por certo encadeamento melódico de canções infantis – do espaço urbano envolve aquela multidão – "crescem flores de concreto/céu aberto ninguém vê" – dando sequência à mitologização do cotidiano. Os mitos em relação às regiões do país em certa oposição à "ética do trabalho" do paulista são cantados dentro do momento de distensão anterior: "Em Brasília é veraneio/no Rio é banho de mar". O arranjo, já tensionado pelo sopro, retoma seu momento tenso enquanto o lugar comum, que poderia estar na boca daquela multidão naturalizada naquele espaço, prossegue e opõe o paulista ao resto da nação: "o país todo de férias/aqui é só trabalhar". E, por

158 CARLOS PIRES

fim, repete o mesmo fecho das estrofes anteriores – "porém com todo defeito..." –, o que deixa em xeque o aspecto aparentemente positivo que estava revestindo o "trabalho do paulista" nessa homenagem contraditória. De qualquer forma, o trânsito de certa mítica religiosa para a "mítica televisiva" é o ponto final da canção, como, em certa medida, em *Tropicália* de Veloso. E, também como essa canção, em uma euforia crescente, só que sem a solução formal daquela, a espécie de síntese final descrita anteriormente, onde tensão e distensão viram, regida pela última, praticamente um momento só na "mistura fina" da "nova ordem".

✳

Não buzine, que eu estou namorando, segunda música do LP,[5] promove, na linha da especificação da multidão, o "confronto" no espaço da cidade de dois ritmos que aparentemente se opõem: o do homem de negócios apressado e do rapaz que quer "paquerar" do seu carro em paz, mesmo que isso signifique parar o trânsito. Essa é a situação que a canção desenvolve colocando o "bom rapaz" como narrador. *Namorinho de portão* é de certa forma complementar[6] a essa, "o bom rapaz, direitinho" é quem nas estrofes dessa outra música percebe e expõe aquela situação familiar rançosa, enquanto o

---

5 Estou me guiando pelo CD que relançou o LP (Columbia 495.712. s.d.). No site oficial de Tom Zé, no entanto, a ordem proposta é outra: **Lado A**: *São São Paulo/Curso intensivo de boas maneiras/Glória/Namorinho de portão/Catecismo, creme dental e eu/ Camelô.* **Lado B**: *Não Buzine, que eu estou paquerando/Profissão Ladrão/Sem entrada e sem mais nada/Parque industrial/Quero sambar meu bem/Sabor de burrice.* De qualquer forma, o lado A e *Não buzine, que eu estou namorando* parecem funcionar dentro da mesma tentativa de caracterização e especificação dos estratos urbanos.

6 Junto com *Glória* e *Curso intensivo de boas maneiras* que formam em conjunto certa unidade desses elementos tratados.

refrão o saúda como um tipo "direitinho", difícil de se encontrar nos "tempos atuais".

A canção começa com uma vinheta de poucos segundos onde algumas vozes fazem contas ao mesmo tempo. Justaposta a ela, entra a música semelhante àquelas que anunciam os espetáculos em circo, com a caixa tocada com repique, baixo e sopros. Como em certa medida *São São Paulo*, a melodia do início, que os sopros repetem mais à frente, será dobrada por um coro que anuncia em uma espécie de refrão o objeto do espetáculo: "A grande cidade não pode parar". Em seguida, sobre vozes que imitam buzinas, o ritmo se transforma de maneira repentina, a bateria para de promover o repique circense e, esfriada, passa a tocar uma espécie de balada rock do tipo que influenciava músicos e ouvintes da Jovem Guarda, acompanhada, como é comum nesse gênero, por um baixo marcando o bumbo nos quatro tempos do compasso. O vocal canta nesse momento duas vezes os versos abaixo

> Sei que seu relógio
> Está sempre lhe acenando
> Mas não buzine
> Que eu estou paquerando

Durante a primeira vez que essa continuação do refrão é cantada, um sopro agudo entra tocando quase como uma buzina em um tempo improvável do compasso – o primeiro tempo fraco – e aparentemente fora dos limites harmônicos em que geralmente esse gênero de canção, que a música em alguma medida parodia, acontece – também em certo espírito de "homenagem crítica" como em *São São Paulo*, só que aqui à Jovem Guarda. Esse sopro agudo se repete, causando um estranhamento similar, no tempo fraco da outra metade do compasso e, depois, vira um atraso em relação aos tempos fortes na repetição da letra que acaba, curiosamente, se irmanando melodicamente à canção no final. Elementos que pareciam de universos distintos saem de mãos dadas – em *Curso intensivo de boas maneiras* uma solução semelhante é adotada em uma espécie de contraponto que os sopros promovem.

Em ritmo de marcha, que remete à apresentação circense do começo – com sopros graves pontuando alguns tempos chaves do compasso enquanto o sopro agudo promove uma melodia com notas curtas e rápidas nos espaços entre os sopros – começa a apresentação do homem de negócios até uma espécie de parada em que os sopros preparam o próximo momento nos dois últimos versos:

> Eu sei que você anda
> Apressado demais
> Correndo atrás de letras,
> Juros e capitais
>
> Um homem de negócios
> Não descansa, não.

O ritmo retorna transformado, no mesmo andamento, agora sugerindo a balada rock – com o baixo, típico desse gênero, sendo dobrado pelos sopros graves com um contraponto dos agudos – ,e o repique da marcha é substituído, de certa forma, pelo contratempo da caixa também bastante comum no rock dos anos 1960. A caracterização continua nesse contexto:

> Carrega na cabeça
> Uma conta-corrente
>
> Não perde um minuto
> Sem o lucro na frente

FRIO TROPICAL: TROPICALISMO E CANÇÃO POPULAR   161

Com a bateria executando a mesma batida, os sopros param de dobrar o baixo e o instrumento de sopro agudo que apareceu antes toca uma escala ascendente que potencializa a acumulação, ou a progressão, de dinheiro sugerida pela letra:

> Juntando dinheiro,
> Imposto sonegando,
>
> Passando contrabando,

E, finalmente, aparece aquilo que havia sido insinuado no começo pela melodia dos sopros graves no ritmo de apresentação circense:

> *Pois a grande cidade não pode parar (duas vezes)*

A música volta, então, para o começo em que é cantado seu título em ritmo de balada rock com o sopro agudo deslocado. E, em seguida, mantendo a estrutura anterior, a variação para marcha:

> A sua grande loja
> Vai vender à mão farta
> Doença terça-feira
> E o remédio na quarta
>
> Depois em Copacabana e Rua Augusta

A próxima variação na estrutura tem uma pequena alteração na bateria, a batida que se aproximava de muitas baladas dos anos 1960, como dito, adquire nos tempos entre os contratempos o repique que antes estava ligado aos "momentos circenses", o que, em alguma medida coloca no centro do espetáculo a Jovem Guarda que o arranjo estiliza:

162 CARLOS PIRES

> Os olhos bem abertos,
> Nunca facilitar,
> O dólar na esquina
> Sempre pode assaltar

A estrutura se mantém semelhante à anterior com a pequena alteração do repique da bateria e a escala que ascende na tessitura, ligada agora, em certa medida, à continuação familiar dos empresários apressados

> Mas netos e bisnetos
> Irão lhe sucedendo
> Assim, sempre correndo

E, novamente, a apresentação do objeto circense:

> A grande cidade, não pode parar (duas vezes)

E, até o fim, a parte em que se canta o título é tocada com o repique da bateria entre os contratempos. A crítica clara, quase didática – que dificilmente estaria na boca de um bom rapaz iê-iê-iê[7] – ao homem que orienta toda a existência para a acumulação de bens, parece que não assegura, como a oposição no início parecia indicar, o outro tempo, ou, para dizer de outra forma, o ritmo desacelerado da paquera é em alguma medida contaminado pelo do espetáculo, virando um momento quase complementar daquele, já que no final tudo continuará assim, repetido pelos netos e bisnetos do apressado empresário – e pelos *playboys* que chamam a atenção sobre si no mesmo espetáculo da cidade em seus carros na Rua Augusta ou em Copacabana.

---

7   Chega ao requinte de perceber como a doença é difundida pelas agências do capital para que em seguida essas mesmas se coloquem para administrar os remédios.

FRIO TROPICAL: TROPICALISMO E CANÇÃO POPULAR   163

*

Namorinho de portão possui uma construção em alguma medida semelhante à de *Não buzine, que eu estou namorando*, a voz central é a de um aparente bom rapaz iê-iê-iê, saudado no refrão – que ecoa, ao que parece, a percepção dos tipos presentes na canção – como um sujeito direitinho desses que não há mais "naqueles tempos de perda dos valores familiares".

A canção começa com uma vinheta tocando instrumentalmente *Cai, cai, balão* evocando certo universo ingênuo "atemporal". A música entra, como a anterior, justaposta a essa vinheta: bateria, guitarra – talvez baixo – e o refrão cantado duas vezes:

> Bom rapaz, direitinho
> Desse jeito não tem mais

Quando o refrão é repetido, certo volteio melódico do sopro e piano que remete ao arranjo de *Cai, cai, balão* se soma à guitarra e à bateria irradiando aquele clima para essa nova estrutura, ao mesmo tempo em que um teclado com timbre "moderno" produz um fundo compacto ao sopro.

A estrofe começa com a bateria e a guitarra sobrepostas aos elementos que conferem certo caráter ingênuo ao arranjo, também conferido pelos sopros, enquanto a voz começa a perceber, no plano temático, a situação em que está entrando:

> Namorinho de portão,
> Biscoito, café,
> Meu priminho, meu irmão…
> Conheço esta onda,
> Vou saltar da canoa,

Já vi, já sei
Que a maré não é boa
É filme censurado
E quarteirão
Não vai ter outra distração.

Outro refrão – "Bom rapaz..." – e um arranjo similar ao anterior para a próxima estrofe que apresenta um escárnio progressivo da voz ao imitar, modificando seu timbre, os lugares comuns enunciados pelos familiares e descrever as atitudes dissimuladas que tem naquele meio:

Eu aguento calado
Sapato, chapéu,
O seu papo furado,
Paris, lua de mel,
A vovó no tricô,
Chacrinha, novela,
O blusão do vovô,
Aquele tempo bom que já passou
E eu, de "é", de "sim", de "foi".

Novamente o refrão e, na sequência, o arranjo da estrofe também acontece semelhante ao anterior. A voz, no entanto, está um pouco mais "íntima" à família a ponto do "papai", preocupado com o futuro,[8] poder perguntar sobre seu ordenado e o escárnio adquirir a intensidade máxima

O papai, com cuidado
Já quer saber sobre o meu ordenado

---

8   O vínculo entre essa moral e a preocupação com o futuro também está presente no disco de Veloso e Gil, como vimos.

Já pensa no futuro
E eu que ando tão duro
Não dou pra trás,
Entro de dólar e tudo,
Pra ele o mundo anda muito mal,
Lá vem conselho e coisa e tal.

No último refrão o volteio do sopro, alterando a forma como se comportou até ali, entra já em seu começo, antes da repetição, e muda um pouco seu desenho ao mesmo tempo em que também a voz muda seu timbre terminando por se mostrar acanalhada, despindo por completo a fantasia de "bom rapaz", quando completa o que estava sendo cantado com um "Não tem mais guria". Quebra-se o falso encanto anterior que os sopros ironicamente ajudavam a promover e a voz revela suas verdadeiras intenções. No final, ainda, a música acaba no "a" final acanalhado de "guria" e uma dissonância quase mecânica, pontuando com a mesma intensidade os tempos fortes e fracos do compasso, ajuda na explicitação dos "verdadeiros novos tempos".

✳

Catecismo, creme dental e eu altera, à primeira vista, a direção em que o LP vinha se construindo. Instrumentos tocam sem que de maneira imediata um ritmo ou um campo harmônico os unifiquem ou promovam qualquer identidade entre eles, se aproximando, em certa medida, dos experimentos que músicos eruditos faziam na época. Isso até a voz, diferente da que vinha se constituindo, entrar cantando nesse contexto de pulverização uma melodia e uma letra ligadas, em certa medida, aos estratos populares de algumas regiões do nordeste:

Vou morrer

Nos braços da asa branca,
No lampejo do trovão
De um lado ladainha,
Sem soluço e solução.

A dispersão anterior dos instrumentos começa a adquirir certa consistência, ainda que mantendo seu caráter autônomo, em torno da melodia e do ritmo que a voz promove. Tematicamente essa primeira estrofe apresenta uma situação em que a morte se colocava como o horizonte da voz, como um momento terminal, ao mesmo tempo em que certa organização musical, com uma guitarra começando a ser tocada em um ritmo mais marcado, aponta, na estrofe que segue, para o começo da saga daquela voz não mais ligada, como nas músicas anteriores, ao "bom rapaz":

Nasci no dia do medo
Na hora de ter coragem
Fui lançado no degredo
Diplomado em malandragem

Depois do primeiro verso em que existe uma aparente mudança do horizonte da morte, o ritmo se põe completamente com a bateria dando seu centro; os instrumentos que iniciaram a canção, no entanto, continuam presentes, em pé de igualdade, se contrapondo à estrutura que a voz desencadeou.

Em redondilhas o "cantador" – maneira como ele se apresentará na última estrofe –, depois da constatação de que a morte é inevitável, – "Vou morrer" –, promove certa recuperação da própria experiência desde o nascimento. Dentro do contexto do medo, no momento de se

FRIO TROPICAL: TROPICALISMO E CANÇÃO POPULAR   167

ter coragem, a voz é colocada "fora" do meio que aparentemente a gerou – "fui lançado no degredo" – e, dessa maneira, com a possibilidade de transitar entre duas realidades,[9] ou com essa condenação, se forma na malandragem. Como em *Marginalia 2*, a canção configura em torno da voz um "problema" na sua própria constituição que carrega a possibilidade de certa generalização relacionada à formação nacional. Só que a confissão e as esquivas do brasileiro – "eu brasileiro confesso" – da música de Gil e Torquato Neto levam a certa celebração irônica da condição nacional, enquanto as esquivas de *Catecismo, creme dental e eu* – "Caminho, luz e risco/aflito/xingo, minto, arrisco, tisco" – conduzem a dois lugares aparentemente distintos. O primeiro é o que já estava se configurando no LP, as andanças do *cantador* o levam – para além do *catecismo de fuzil* – à "mudança dos tempos" em que os artigos de consumo decidirão o futuro "feliz" da família brasileira. O segundo lugar, à sua posição de *cantador* nesses "novos tempos":

> Não quero ser cantador
> Só pra fazer valentia
> Também guardo o heroísmo
> Nos braços de uma Maria

Quer ser cantador para agir, até com certo heroísmo, em relação aos fatos que cobram sua valentia, mas não só, quer também gastar esse heroísmo nos braços de uma Maria. Há certa negação determinada da seriedade excessiva dos cantores de protesto, que já servia naquele momento como acessório para vender discos. Isso sem cair na indeterminação que acaba por promover também uma distinção meramente acessória, como vimos na canção *Soy loco por ti, América*,

---

9   O artigo "Dialética da malandragem" de Antonio Candido é posterior à canção.

entre as mulheres que o eu lírico gostaria de morrer nos braços. Ou a negação também de certa forma indeterminada da musa popular, também Maria, que acontece no LP de Gilberto Gil.[10] Parece que certa consciência em relação à generalização da forma mercadoria na profissionalização da cultura que se operava naquele momento – ou simplesmente da burrice, como talvez Tom Zé prefira – faz com que as "muitas" opções abertas por ela sejam vistas de forma menos otimista, como o disco irá pontuar em diversos momentos.

A composição, retomando, inicia com sons pulverizados que começam a ganhar certa consistência à medida que a voz do cantador aparece. Depois de um primeiro momento agônico descartado, o ritmo sincopado se estabelece com a regularidade que a bateria promove ao mesmo tempo em que os instrumentos continuam, com certa liberdade, em contraponto em relação à voz. Também no plano da organização musical há, em certa medida, a negação determinada tanto da "pulverização moderna" – ou pós-moderna – quanto do popular mercantilizado, já que a síncope regularizada não soluciona aquela – ou se coloca como algo já estilizado de saída. Funciona, ao que parece, como um elemento de verificação daquela modernidade nessa coexistência de duas lógicas de organização da forma.[11]

*

Em *Curso intensivo de boas maneiras*, os costumes da elite nacional entram em foco. Ao mesmo tempo em que a voz convida a ficar "à vontade" uma, talvez, guitarra ligada a um pedal de efeito – provavelmente

---

10   Ver análise de *Pé da roseira* neste estudo.

11   Sobre a relação entre as formas folclóricas e as modernas, que ajudou a fundamentar essa leitura: ALMEIDA, J. *Crítica dialética em T. Adorno: Música e verdade nos anos 20*. Cotia: Ateliê Editorial, 2007, p. 232.

um *fuzz*, que serve para distorcer a nota e sustentar o som –, alternando com um sopro agudo intensificado por um prato de bateria, promovem um desconforto que contraria aquele convite. O próximo verso, para não restar dúvida em relação ao desconforto, dá um "tchau" bilíngue, em português e inglês, enquanto diz, na sequência, que "ainda é cedo" e termina por colocar uma outra situação dessas de contato inicial entre falantes, só que via telefone: "Alô, como vai?" Essas afirmações que se negam mutuamente dão certo ritmo dual às relações sociais em jogo na canção e, talvez, reproduzam, só que em outra classe social e com outro aproveitamento crítico, princípios distintos de organização da realidade semelhantes àqueles responsáveis pela formação da voz e do arranjo em *Catecismo, creme dental e eu*.

A bateria entra marcando o ritmo com a guitarra enquanto a voz continua:

> Com Marcelino vou estudar
> Boas maneiras
> Para me comportar

Marcelino (Dias de Carvalho), o cronista social mais famoso da época, será quem conduzirá o *Curso intensivo de boas maneiras*. Com uma mudança abrupta, a música é esfriada, ganhando colorações sofisticadas – com a bateria sendo conduzida com uma delicadeza bossa-novista, apesar do acento regular no aro da caixa – enquanto a primeira lição é anunciada: "Deixar de ser pobre/que é muito feio". O que parecia uma crítica direcionada ao costume ou à repetição dos comportamentos que asseguram a continuação social da dominação, que em alguma medida vinha se perspectivando com a apresentação da "eternidade" dos costumes familiares nas canções anteriores, expõe agora – somado ao ritmo esquizofrênico do comportamento da elite descrito acima – o seu lugar histórico e de classe. Acima dos costumes e dos comportamentos, sem que esses estejam ausentes, está o dinheiro e a "condição moderna" que esse carrega. Tom Zé parece não se contentar, apenas, com a crítica ao comportamento.[12]

Dentro do contexto musical anterior a voz continua:

> Andar alinhado
> E não frequentar, assim, qualquer meio

A bateria faz uma pequena pausa e a voz continua pontuada nos espaços por, provavelmente, um instrumento de corda:

> Vou falar baixinho
> Serenamente
> Sofisticadamente

A bateria volta e a voz conclui com o mérito e os resultados – conviver com pessoas em conformidade com os padrões éticos e morais da sociedade – da sua aplicação ao curso:

> Para poder com
> Com gente decente
> Então conviver

Dois sopros, que parecem ocupar lugares harmônicos distintos, realizam, em seguida, uma espécie de contraponto em que, no momento final de confluência com a base musical que outros instrumentos promovem, acabam por aparentemente se completar,

---

12 Acredito que naquele momento Gil e Veloso não estavam preocupados e comprometidos apenas com a "revolução comportamental". A exclusividade "cultural" e comportamental é construção posterior (sobre o assunto, ver o Excurso deste estudo).

FRIO TROPICAL: TROPICALISMO E CANÇÃO POPULAR   171

restando fora desse tempo de "acordo" a nota irônica do mais grave que sobra descendente depois da conclusão, ou do acordo final, que ele insinuou, e ajudou a construir, mas não esteve presente.

A canção retorna ao seu começo com as "ordens" que se negam mutuamente e o anúncio de que irá estudar com Marcelino Dias de Carvalho. Um esfriamento da música semelhante ao anterior acontece e a voz prossegue:

> Da nobre campanha
> Contra o desleixo
> Vou participar
> Pela elegância e a etiqueta
> Vou me empenhar

Valores de certa forma pré-burgueses – nobreza, etiqueta – são enunciados. A bateria para, como no momento anterior, e a voz continua pontuada pelo instrumento de corda:

> Entender de vinhos
> De salgadinhos
> Esnoberrimamente

A bateria retorna com certa elevação conclusiva dada pelo, talvez, instrumento de corda que ascende na tessitura e a voz termina por enunciar suas preocupações "maiores" com a nação, trazê-la sob o requinte que não faz concessões de qualquer tipo – de certa maneira a ironia em relação à moda e à preocupação excessiva com o olhar do outro que não se põe completamente em *Tropicália* de Veloso:

> Trazer o país
> Sob o requinte
> Intransigente

172 CARLOS PIRES

É curioso que a primeira lição – deixar de ser pobre – abre espaço, dentro de um enquadramento de classe, para que valores pré-burgueses sejam preservados e sirvam como emblema da "sofisticação" nacional, de certa forma o que foi a situação colonial do país e as aspirações daquela – e dessa – elite a certo *status* aristocrático. A rigidez nos costumes dada pelo "intransigente" – enunciada pela voz sarcástica – carrega o desconforto em relação à própria ideia de nacional que continuará sendo especificada ao longo do LP.

Nova repetição do "fique à vontade" até o anúncio das "lições" de Marcelino, só que certa insinuação de "música barata" e espetáculo ao mesmo tempo que não chegava a se colocar completamente no trânsito anterior para as duas estrofes da canção se põe ironicamente no espaço final até o término da música com o sopro pontuando o repique da bateria – o que cria um efeito de sentido semelhante ao produzido em *Não buzine, que eu estou paquerando*.

*

Os ensinamentos relacionados a como se portar em "sociedade" também dão o centro do tema em *Glória*. No começo da música um contrabaixo promove uma rápida melodia circular – a nota no último tempo do compasso, que ele próprio estabelece, é igual à do primeiro. A esse se soma uma bateria, guitarra e, por último, um teclado que ataca rápidas notas dissonantes ascendentes e termina, na mais aguda, prolongando uma nota que é dobrada por outra grave distorcida, emitida por, talvez, um sopro – isso na duração de um compasso. Dentro dessa construção em que tudo se deixa levar no ritmo circular do baixo – repetindo praticamente essa mesma estrutura – entra um coro cantando em uma melodia ascendente:

Como um grande chefe de família
ele soube sempre encaminhar
seus filhos para a glória

Novamente o pai de família preocupado com o futuro dos filhos é colocado no centro do tema. Acontece uma inflexão no arranjo quando a palavra que dá título à canção – *Glória* – é cantada no ponto mais agudo da melodia que a letra desenha, a bateria faz uma mudança súbita no ritmo – ou, para usar a terminologia corrente, uma "virada" – com sopros pontuando, criando certa elevação que intensifica a melodia. O coro continua:

Glória, glória, glória eterna.

A "virada", no entanto, conduz ao mesmo movimento circular de antes – e não a outro momento rítmico da música como seria mais comum na música *pop*. O coro, então, continua:

Mas aguardando o dia do juízo
por segurança foi-lhes ensinando
a juntar muito dólar

A "virada" acontece de maneira semelhante à anterior, só que agora na palavra "dólar". A estrofe é parecida do ponto de vista melódico com a anterior e desemboca em "dólar", palavra que possui uma semelhança fônica com a "glória". E dando desdobramento ao mito religioso: "Dólar, dólar, dólar na terra", no lugar similar ao que "Glória, glória, glória eterna" ocupava antes no arranjo.

Depois da elevação anterior, baixo e bateria retornam com outro, desenho rítmico, acelerado, junto a um teclado atacando notas curtas. A voz, então, entra relatando as lições do pai aos filhos:

Ensinou-lhes bem cedo a defender
a família e a tradição
balançando a bandeira do bem
o pecado punir sem perdão.

Outra transformação no arranjo sob a mesma base rítmica: o teclado produz acordes e os sopros "comentam" ironicamente a voz. Ocorre nesse contexto um amolecimento do timbre da voz – dado principalmente em relação às aliterações dos dois últimos versos do momento anterior – que corresponde no plano do tema ao "amolecimento" da moral e dos bons costumes quando direcionada aos próprios "pequenos erros":

Mas nos seus pequenos erros
preferir a casa alheia
ressalvando a discrição
e tudo isso ensinou
com poucas palavras
e muitas ações.

A música volta ao início com o contrabaixo circular e a repetição do que foi cantado pelo coro. Depois da segunda "virada" – simultânea a "dólar na terra" – o arranjo retorna em um contexto musical semelhante ao que introduziu a voz:

Ensinou-lhes bem cedo que a honra
todos devem cultivar
entretanto, ao tomar decisões
ela nunca deve atrapalhar.

A música e o timbre da voz ficam, então, mais suaves, mais ou menos nos moldes do amaciamento moral dos próprios "pequenos

FRIO TROPICAL: TROPICALISMO E CANÇÃO POPULAR   175

erros" na primeira parte, aqui evidenciando na "lição" que a "causa justa e que é nobre" é aquela que trará rendimentos próprios – e a canção continua com os contrapontos irônicos dos sopros:

> Mostrou que as boas razões
> a causa justa e que é nobre
> convive é com os milhões
> e tudo isso ensinou
> com poucas palavras
> e muitas ações

Por fim, retorna ao começo com o ritmo circular e o coro até o momento do arranjo da segunda virada que continua por mais alguns compassos enquanto "Dólar, dólar, dólar na terra" e "Glória, glória, glória eterna" se alternam até o fim da canção. A semelhança fônica dos versos acaba por promover certo apagamento dos contornos dos elementos do tema colocando "poder terrestre" e "salvação eterna" dentro de um mesmo registro. Essa espécie de unificação, ou, talvez melhor, hibridização dos valores materiais e religiosos – recorrente no LP – aponta para o amálgama que compõe a alma dessa elite nacional que se está tentando caracterizar – que preferirá, ao trair – também por maior poder material, já que a "causa justa e que é nobre/convive é com os milhões" – a casa alheia, sem que isso traga qualquer remorso espiritual e/ou moral. Posição sem qualquer tipo de ilusão em relação à aliança de classes para o bem da nação que boa parte dos grupos de esquerda acreditava ainda naquele momento histórico.

*

O lado B começa com *Camelô*, que à primeira vista também muda a direção em que o LP vinha se constituindo. A relação entre

176 CARLOS PIRES

teatro e canção popular, quase em uma perspectiva de registro histórico, é exposta já na introdução, em que o autor apresenta o contexto em que essa música foi composta: para uma peça de um grupo de teatro da Bahia que encenava Martins Pena mais ou menos em 1965. Esse dado traz, para além desse registro embora relacionado a ele, a escolha de uma posição em relação à arte e à tradição popular. Martins Pena foi considerado por muito tempo pelos críticos – até o modernismo – como *subteatro*, algo não digno de figurar na grande arte burguesa do século XIX por suas escolhas temáticas e formais.[13] O contexto do fim dos anos 1960 do século XX, no entanto, traz, dentro do processo esgarçado em que se deu a modernização do país, certas brechas, ou lugares não alcançados por ela, que preservaram em alguma medida essa tradição popular a ponto dela servir, em alguns momentos, como um verificador do grau de verdade da própria modernidade. Essa tradição é movimentada, criticamente, em diferentes níveis, como se viu, por Gil e Veloso – muitas vezes sob um denominador comum de expor o fato dela se tornar um elemento de estilo entre outros dentro daquele contexto cultural/comercial descrito anteriormente. Tom Zé, ao que parece, a mobiliza de dentro sem que isso resulte em sua idealização. A tradição popular parece o ponto de onde sua forma se perspectiva mesmo sabendo que esse alicerce está se desintegrando, ou se encontra em posição problemática. O final negativo do LP, *Sabor de burrice*, é em certa medida a exposição dessa desintegração.

Nessa contextualização inicial, o autor, ao mesmo tempo em que apresenta a situação em que a canção foi criada, praticamente pede

---

13 Sobre o assunto ver COSTA, Iná Camargo. "A comédia desclassificada de Martins Pena". In: *Sinta o drama*. Petrópolis: Vozes, 1998.

FRIO TROPICAL: TROPICALISMO E CANÇÃO POPULAR 177

autorização à censura[14] para usar certos termos: "danado pode dizer em disco, não pode?" – o que marca um momento pré-Ato institucional n° 5, ou, para usar outra expressão de Roberto Schwarz, uma situação antes da ditadura alcançar "um patamar superior de barbárie". Sem a estrutura das canções anteriores que se organizavam mais ou menos em estrofes e refrões, o camelô apresenta um diálogo, na verdade um monólogo, de um vendedor ambulante que em determinado momento, cansado de ouvir um português choramingando o fato de ainda não estar rico, narra sua situação de miséria. O "tom" da fala do camelô, no entanto, é um pouco diferente do sentimentalismo presente muitas vezes ao longo dos anos 1960 quando o "povo pobre" entrava em foco. O ambulante faz um relato claro das suas dificuldades materiais, sem "choramingar" como o português. São fatos racionalmente bem encadeados, que também, por outro lado, não caem em uma atitude resignada. A voz tenta se situar em um limite estreito, sem descambar para o sentimentalismo em relação à miséria ou para o conformismo.

O começo do lado B parece explicitar o chão histórico em que se forjou essa possibilidade de construção das vozes ao longo do lado A. Para retomar, muitas das canções pareciam configurar vozes com timbres bem distintos entre si e, também, significativamente diferentes da que se esperaria do autor. Parece que a exposição crítica dos costumes com certa suspensão do juízo – como em certa medida em Martins Pena – ou, para formular de outra maneira, certa exposição dos fatos para que o ouvinte decida em relação a eles, já carrega no lado A essa experiência a que o autor alude. O didatismo somado à

---

14   Sobre o assunto, ver excurso (Flora Sussekind comenta a relação particular das produções estéticas com a censura: SUSSEKIND, F. *Literatura e vida literária*. Rio de Janeiro: Zahar, 1985).

178 CARLOS PIRES

explicitação do artifício artístico são também elementos de confirmação dessa mesma tradição.[15]

Na passagem da fala do começo, que contextualiza a situação, para a canção em que o camelô se direciona ao português, a voz que fazia o depoimento entra mais aguda do que deveria e pede aos músicos que esperem, expondo, novamente, os andaimes da música e do LP na medida em que "acerta o tom", um pouco mais grave, para o confronto. A canção inicia, em seguida, arranjada com simplicidade com um ritmo constante, algo, talvez, próximo a um samba-canção, tocado com um instrumento de corda, teclado, baixo e bateria que apoiam a voz, com uma pequena variação no ritmo, imitando uma marcha carnavalesca, quando o carnaval é anunciado, momento em que se precisa "dar um jeito" para comprar a fantasia:

> E quando chega o carnaval tão animado
> Pra comprar fantasia
> Faço um abaixo-assinado
> E ainda tem assinante
> Que é na base do fiado

A música termina aqui, com o abaixo-assinado que o camelô inventa para conseguir a fantasia e o "fiado" de alguns dos "assinantes".

---

15 Sobre o relacionamento entre teatro e canção popular, Schwarz, que promove uma boa historicização dessa experiência, diz: "Voltando à canção, naquelas circunstâncias o envolvimento do teatro com a música popular faria uma diferença de peso. Para o teatro, por que a tentativa de combinar a sua linguagem, de circuito restrito, a outra de imensa aceitação, com processo produtivo e enraizamento de classe muito diferente, alterava tudo. Para a canção, por que o teatro político e experimental se dirige, em nome da liberdade, à fração desperta da contraelite do país, em oposição ao rebanho dos consumidores. Essa postura (ou pretensão) de vanguarda traz algo insubstituível" (SCHWARZ, Roberto. *Sequências brasileiras*. São Paulo: Companhia das Latras, 1999, p. 123). Ver, sobre o didatismo, página 133 do mesmo estudo.

FRIO TROPICAL: TROPICALISMO E CANÇÃO POPULAR   179

Em *Sem entrada e sem mais nada* a questão do acesso aos bens materiais dos estratos populares é novamente abordada tendo em vista a diferença entre o "fiado" e o crédito "cedido" por empresas para "facilitar" esse acesso, questão importante que, diga-se de passagem, pouco figurou nas discussões políticas de época, assim como outras complementares relacionadas à indústria cultural.

*

Profissão ladrão expõe, mais ou menos nos moldes dramáticos da canção anterior, a espiral da corrupção da perspectiva de um "malandro de bairro" falsificador, matador etc. Na situação criada enunciada pela própria voz do ladrão, ele é chamado a um depoimento para explicar ao delegado como consegue sustentar cinco filhos se não trabalha. Começa justificando que tem muitas profissões e dá exemplos de algumas dando a entender, no espírito da malandragem, que estão relacionadas ao crime. Daí sai em defesa própria criando uma relação entre a proporção do roubo e a fama do ladrão apelando para as "injustiças" presentes nisso. A espiral começa com os pequenos crimes e chega à diplomacia internacional, quando o arranjo abandona a síncope, tradicionalmente vinculada à malandragem, e ganha colorações sofisticadas com naipe de metal confluindo e ajudando no deslizamento do ritmo – os sopros, presentes antes, até aquele momento de certa forma atritavam o ritmo –, "dissimulando" esse ponto de chegada:

> É a diplomacia internacional
> A "Boa Vizinhança" e outras tranças

A canção retorna em um ritmo de transição que acaba por desembocar novamente na síncope:

É que na profissão de ladrão
Injustiça e preconceito
Dá chuva pra inundação

Só que os metais retornam mais espaçados no compasso e de certa maneira confluindo, do ponto de vista rítmico, com a síncope:

Para alguns fama e respeito
Pra outros a maldição
Pois o tamanho do roubo
Faz a honra do ladrão

A síncope cresce, então, com sons percussivos graves – talvez bumbos – tensionando a canção, enquanto os metais "entoam" certas melodias de desafio popular e a voz confronta, por fim, o delegado:

E é por isso que eu só vou para o xadrez
Seu delegado
Se o senhor trouxer primeiro
Toda a classe para o meu lado
Mas neste dia de aflição
Não vai ter prisão no mundo
Pra caber a multidão

O ponto de vista do malandro se ergue com a música – e os metais confluem com ele – quando apresenta o crime, ou a expropriação, como o nexo do atual sistema de produção – para dizer de outra maneira, apresenta o nexo interno entre o centro e a periferia.[16] Não existe, do ponto de vista que a forma parece perspectivar, uma sensação diferencial em relação a um padrão dos países centrais que

---

16   Ver análise de *Marginalia II* neste estudo.

FRIO TROPICAL: TROPICALISMO E CANÇÃO POPULAR   181

não se consegue atingir, mas uma exposição de como esse padrão se constitui e se sustenta na base da expropriação em escala mundial, e aí a aparente externalidade da relação entre a síncope e o ritmo que privilegia os tempos fortes do compasso expõe, nessa armação, seu travamento interno – talvez nessa justaposição se apresente certo limite histórico à unidade dos materiais. A relação que a forma configura entre seus aspectos internos e externos – e a maneira como a canção popular se abre para a incorporação de materiais até aquele momento externos a ela – coloca a composição em um limite tenso se tivermos em vista o grau de profissionalização da cultura que o país assumia naquele momento específico.

O excesso de positividade no lugar "popular" de onde se perspectiva essa crítica, que parece certeira e avançada para a época, talvez roube, no entanto, um pouco da tensão da música se tivermos no horizonte o desenvolvimento do LP. A voz, mesmo dentro da experiência descrita em *Camelô*, parece um pouco artificial no momento em que confronta o delegado – talvez se erga alto demais somada ao arranjo nesse desafio final em relação ao seu frágil alicerce que a própria construção do LP estabelece.

*

Sem entrada e sem mais nada começa com uma pequena vinheta, apoiada por um teclado com um timbre moderno para a época, em que é cantada a letra abaixo em um registro semelhante a anúncios de rádio e televisão:

> Entrei na liquidação
> Saí quase liquidado
> Vinte vezes, vinte meses
> Eu vendi meu ordenado

O teclado que é tocado regularmente, quase como um metrônomo, promove uma pequena variação tonal em seu terceiro ataque abafando a vinheta que logo em seguida é reavivada por outro ataque sobreposto provavelmente do mesmo teclado em uma nota mais aguda. As vozes do coro promovem um pequeno abafamento também com uma pequena variação tonal no primeiro verso:

> Entrei na liqui**DA**ção

Esses pequenos estranhamentos em relação ao que seria esperado em uma vinheta, no entanto, rapidamente são incorporados à ascensão e confluência dos elementos que a compõem e tudo termina irmanado e brilhante – como seria o esperado em anúncios.

O título é cantado, em seguida, em outro contexto musical em que as sílabas fortes dos versos são pontuadas por diversos instrumentos:

> Sem entrada e sem mais nada
> Sem dor e sem fiador

O arranjo, que martelava tempos quadrados até aquele momento, é suavizado por um "sambinha" executado, principalmente, por uma bateria e uma guitarra fazendo um contraponto percussivo e um coro híbrido entre "as pastoras" e o jingle. A voz entra, então, cantando, até o coro dobrar o "Oba, oba, oba…"

> Crediário dando sopa
> Pro samba eu já tenho roupa
> Oba, oba, oba …

A referência explícita ao samba de maior sucesso comercial de Noel Rosa traz, dentro desse arranjo, a inflexão nos rumos da música

FRIO TROPICAL: TROPICALISMO E CANÇÃO POPULAR   183

popular brasileira, que já nasceu em um contexto de forte comércio cultural,[17] mas não com o grau de profissionalização – e racionalização – da segunda metade dos anos 1960 aludido perversamente pelo jingle de abertura. A voz, que ficará próxima ao discurso religioso até explicitá-lo no final da canção, anuncia as "boas novas": agora todos terão roupa para o samba, um problema histórico cultural foi "resolvido". A hibridização do arranjo parece ter algum grau de semelhança com a promiscuidade entre os discursos comerciais e religiosos. O novo contexto de profissionalização do meio cultural, em que o samba é, ainda, um forte elemento de identificação nacional, parece precisar de uma nova mitologia, ou de uma nova costura de velhas mitologias – essas, é importante destacar, funcionam melhor se recolhidas no próprio contexto de fragmentação local sem, na maioria dos casos, muita preocupação em relação a valores que podem até apontar para transformações políticas ou sociais. A canção final do LP parece deixar visível, ou mais visível, esse lugar de onde a burrice – ou a forma mercadoria naquele contexto específico – é exposta como capaz de trazer tudo, ou quase, ao seu espectro.

A música continua um momento similar ao da abertura depois da vinheta:

> Sem entrada e sem mais nada
> Sem dor e sem fiador

O arranjo se transforma novamente com a bateria marcando os tempos fortes, as cordas e o teclado promovem melodias descendentes,

---

17 Sobre o assunto ver: ALMIRANTE. *No tempo de Noel Rosa*. Rio de Janeiro: Livraria Francisco Alves, 1963.

184 CARLOS PIRES

começando uma mais ou menos ao final da outra em torno da voz que canta:

> E ora veja, antigamente
> O fiado era chamado

Outra mudança repentina, a música para enquanto a voz se espalha no compasso ao modo das canções passionais[18] logo acompanhada por um teclado e um instrumento de corda tocando uma espécie de trinado e um sopro que, juntos, criam uma atmosfera cafona:

> Cinco letras que choram
> E era feio

Nesse momento o ritmo volta em uma espécie de triangulação não regular – marcada por três elementos emitindo um ataque em cada ponto do compasso:

> Um rapaz bem educado
> Não falava palavrão
> Não pedia no fiado
> E não cuspia pelo chão
> Mas hoje serenamente
> Com a minha assinatura
> Eu compro até alfinete,
> Palacete e dentadura.

---

18   Examine-se um detalhe de *Sem entrada e sem mais nada*, por exemplo: num dado trecho, acordes deliberadamente cafonas são tocados para comentar com ironia a expressão "cinco letras que choram", verso que, na canção, está se referindo a "Fiado" e também parodiando (no nível melódico inclusive) um antigo sucesso homônimo de Francisco Alves, cointitulado "Adeus". Carlos Rennó, encarte do CD de relançamento de *Grande Liquidação* (Columbia 495.712. s.d.):

FRIO TROPICAL: TROPICALISMO E CANÇÃO POPULAR   185

E a caneta para assinar
Vai ser também facilitada.

No último verso o coro dobra a voz e se prepara o próximo momento. Repete-se, então, toda a primeira parte até "Cinco letras que choram" e, com os instrumentos pontuando os três momentos formando o ritmo descrito acima, a voz continua:

Já se via um cartaz dentro da loja
Pra cortar a intenção
Mas o fiado que era maldito
Hoje vai de mão em mão
Você compra troca e vive
Sufocado, a prestação,
Vou propor no crediário
A minha eterna salvação
E a gorjeta de São Pedro
Vai ser também facilitada.

Por último, outra repetição do começo até o "sambinha" e a música terminarem no "Oba, oba..." dobrado pelo coro saudando as "boas novas".

A canção traz, nas variações abruptas, certa facilidade no uso do ritmo e das escolhas musicais, muitas vezes excessivamente ilustrativas, sem que esse uso "externo" empobreça a construção, já que a visada parece o limite negativo da possibilidade de ação dentro desse contexto de "Grande liquidação". O LP parece apostar na exposição desses materiais pré-moldados da indústria da cultura, como Gil e Veloso, mas esses parecem precisar de maior integridade, ou de maior organização e hierarquia entre eles, para funcionarem no artesanato de Tom Zé e dos outros responsáveis por este disco. O cuidado com a contextualização de *Camelô* – ligado à exposição do fundamento histórico daquela experiência – talvez aponte nessa direção. Os materiais sem qualquer tipo de hierarquia funcionariam, na concepção que parece orientar a forma do LP, ao nível da burrice que é "saudada" ao final – ainda que do ponto de vista mimético essa "planificação" dos materiais possa ter bastante contundência dependendo da organização formal, como em algumas canções dos LPs de Veloso e Gil.

No final das contas, nesta "Grande Liquidação" estão todos "sem mais nada" para dispor no presente já que até o futuro – horizonte de muitas das canções de protesto, como visto – já está determinado pelas prestações que se precisará pagar com a venda no mercado futuro da força de trabalho. A conversão dos que antes de alguma forma eram trabalhadores, estudantes, camponeses, professores, advogados, engenheiros etc. em consumidores indica o alcance do disco, como a canção parece apontar – e a história posterior confirmar. O fiado, que foi instrumento de dominação dos homens livres e imigrantes nas propriedades rurais na transição da mão de obra escrava para a "livre", é apresentado aqui dentro da constelação exposta em momentos do lado A – o "bom moço" não pedia no fiado – e essa "tradição", que é banal, se coloca como resistência sem atrito no confronto/conformação com a "nova" lógica do crediário. O que reverbera, de certa forma, as justaposições ostensivas na construção musical – a vinheta e o "sambinha", por exemplo, se irmanam em direção semelhante à irmanação final de dois elementos musicais que pareciam se negar. Para o "samba" já se tem roupa – só não se tem samba dentro do significado que esse tinha antes, para bem e para mal, a não ser na sua bonita forma terminal que tem Nelson Cavaquinho e Cartola como principais representantes. Aqui, talvez, esteja figurado o deslizamento semântico do termo popular que se operava naquele momento histórico.

FRIO TROPICAL: TROPICALISMO E CANÇÃO POPULAR 187

Enquanto se discutia nos meios culturais e políticos o imperialismo, discussão sem sombra de dúvida relevante, e suas consequências para a nação, pouca importância se deu a essas novas formas de dominação presentes na experiência material daquele momento que promoviam o acesso aos bens de consumo e prometiam, por conta desse acesso, a felicidade eterna. *Parque industrial* – título do romance modernista de Patrícia Galvão (Pagu) – em alguma medida se liga a esse conjunto da construção. Essa canção começa também com uma espécie de vinheta, mas sem as características publicitárias da anterior, em que *Deus salve a América* é citada por provavelmente um teclado que é abafado por um instrumento de sopro tocando uma melodia marcial até a dissolução dessa situação em um ataque regular na mesma intensidade nos tempos fortes e fracos do compasso dar a direção rítmica, como em muitos outros momentos do LP. O coro, então, entra cantando duas vezes exagerando os erres, como em alguns locutores de rádio e televisão – "É somente requentar/E usar". Nova mudança repentina no arranjo: a bateria começa a tocar uma construção rítmica comum ao rock da época[19] junto a um teclado moderno que promove certa harmonia ao coro e a um sopro – ou o pedaço de um – que parece rir na maneira como é tocado aos arranques – "Porque é made, made, made made in Brazil" (duas vezes). O teclado continua enquanto a bateria muda seu ataque: passa a tocar repetidamente apenas o chimbal abrindo-o regularmente nos mesmos lugares do compasso. A voz, então, entra só:

> Retocai o céu de anil
> Bandeirolas no cordão
> Grande festa em toda a nação.

---

19 Mais ou menos como em *Não buzine que eu estou paquerando*.

Despertai com orações
O avanço industrial
Vem trazer nossa redenção.

O país cenário é retocado e preparado para receber, com festa, o avanço industrial que trará a redenção de todos. Quando o verso "Despertai com orações" é cantado, um sopro marcial aparece por trás da palavra "orações" aludindo à relação da ditadura com o discurso religioso. O teclado continua com a parada que a bateria faz ao final da estrofe e prepara o próximo momento que ameaça esfriar quando um ritmo de marcha esquenta com certa alegria postiça a música – mais ou menos como a alegria se refaz no cartaz:

Tem garota-propaganda
Aeromoça e ternura no cartaz,
Basta olhar na parede,
Minha alegria
Num instante se refaz

No terceiro verso acima o coro assume o lugar da voz. Essa volta sozinha ao final, sem a bateria dando o suporte rítmico anterior:

Pois temos o sorriso engarrafado
Já vem pronto e tabelado

O ritmo passa, então, a ser marcado depois desse último verso como no início, sem diferenciação entre tempo forte e fraco, e a canção retorna ao seu começo como continuidade imediata do que vinha se construindo – dispositivo próximo ao utilizado em *Frevo ras-gado* de Gil – e a primeira parte, então, é repetida até o "Vem trazer nossa redenção" quando a música faz o mesmo aparente esfriamento que logo se transforma em marcha. A nova estrofe, em seguida, é cantada pela voz:

> A revista moralista
> Traz uma lista dos pecados da vedete
> E tem jornal popular que
> Nunca se espreme
> Porque pode derramar

No terceiro verso novamente o coro entra cantando até a pausa rítmica que acaba gerando, pela transformação da composição, certa descontinuidade sintática – como em *Superbacana*, de Veloso – em relação aos próximos versos em que a caracterização do jornal popular continua apenas com a voz:

> É um banco de sangue encadernado
> Já vem pronto e tabelado,
> É somente folhear
> E usar

E, novamente, o ritmo homogêneo do começo retorna no "folhear" e a canção continua com o *Made in Brazil* ascendendo em euforia até a música acabar. As vozes que estavam no ponto mais alto da tessitura caem ao final da música como se não fossem capaz de sustentar naquela altura a euforia postiça, ou simplesmente como se diminuísse a rotação do disco.

O país cenário, ou o país que se põe como espaço disponível para o "progresso", é o centro temático da canção. O título *Parque industrial* aponta, também, nessa direção e para qual é a finalidade da ocupação desse espaço dentro de uma nova costura de velhas mitologias que tem uma "nova" modernização conservadora como eixo. Os significados contraditórios que a palavra "parque" traz aqui – diferente do papel quase irônico que assume na música inaugural do tropicalismo, *Domingo no parque* –, de local de divertimento e sua acepção militar – "área destinada ao serviço e manutenção ou acomodação de viaturas, aeronaves ou material de artilharia", segundo o dicionário Houaiss – são indicativos das tensões em jogo na canção. A recuperação da acintosa justaposição rítmica – que já é de certa maneira a espacialização da música – possibilita iluminar outros aspectos dessa construção: da dissolução de um projeto para a América que se dissolve em um sopro marcial aparece, por trás, um ritmo homogêneo onde não é possível diferenciar tempo forte e fraco que acaba por cair em uma marcha – com a ambiguidade que essa carrega também na direção em que o título aponta – que "ergue" externamente a canção que a harmonização do teclado, ou seu desenvolvimento interno, "puxava para baixo". De alguma maneira essas "marchas e contramarchas", com desenvolvimentos harmônicos internos "completados" por ritmos externos, parecem aludir ao ritmo formativo nacional. *Sem entrada e sem mais nada* tinha em seu centro formal o ideário popular, a transformação nesse colocava o desenvolvimento formal que a aparente espacialização musical parecia em alguma medida negar. Já em *Parque industrial* o deslizamento semântico do termo nacional talvez seja o indicativo de outro aspecto, complementar àquele, envolvido nessa grande liquidação.

*

Quero sambar meu bem traz, por meio do tema e também do arranjo que constrói uma atmosfera *Fino da bossa*, o samba – um dos elementos centrais na época nos debates sobre identidade nacional – para o centro do LP. O *Fino da bossa* carrega questões e problemas

FRIO TROPICAL: TROPICALISMO E CANÇÃO POPULAR   191

relacionados à música popular brasileira que os tropicalistas privilegiaram em suas canções e debates públicos. Os discos de Gil e Veloso, como visto antes,[20] já em suas canções iniciais estabelecem certo confronto com essa MMPB (Moderna Música Popular Brasileira). Em certa medida o *Fino da bossa*, que desde a metade de 1966 recebeu Gil como uma de suas atrações, tinha como objetivo a modernização da MPB e essa passava muitas vezes, nessa atualização e transição da experiência da canção para a televisão, por certa justaposição entre canções como era possível observar nos diversos *pout pourris*[21] – o que não deixa de ser uma forma de liquidação – que realizavam com boa aceitação do público televisivo em formação naquele momento. A música de Gil escolhida para lançá-lo no programa em 13/06/1966 foi *Lunik 9*, que do ponto de vista da justaposição de ritmos e dos assuntos, embora ainda dentro de certa idealização popular, já apontava para desdobramento futuros do tropicalismo. *Lunik 9*, nesse aspecto específico, é herdeira da hibridização do segundo momento da bossa-nova[22] que em alguma medida foi potencializada na transição e adaptação da canção para a televisão.

Quero sambar meu bem começa com uma voz fazendo uma improvisação vocal ao estilo do jazz entre os instrumentos que farão parte do resto da música – bateria e teclado –, remetendo, com certo sarcasmo devido principalmente ao timbre nasal e abafado, à maneira como os apresentadores do *Fino da bossa* entravam improvisando em quase qualquer música criando certo efeito de intimidade ou

---

20   Ver começo de análise dos LPs *Gil* e *Veloso*.

21   É verdade que o primeiro samba gravado, *Pelo telefone*, envolto em problemas de autoria, era uma espécie de justaposição de curtas canções reproduzindo, de certa forma, uma roda de samba. Sobre o assunto: ALMIRANTE. *No tempo de Noel Rosa. Op. cit.*

22   Ver análise de *Alegria, alegria* no capítulo 2.

192   CARLOS PIRES

familiaridade ligado à "nossa música" que vinculavam. Essa abertura faz uma pausa para preparar o próximo momento, mas essa preparação acaba caindo em um ritmo regular sem distinção entre os tempos fortes e fracos, como nas canções anteriores, realizado pelo teclado para, só aí, a música finalmente começar. A voz entra, então, em uma atmosfera *Fino da bossa* criada, principalmente, pela bateria e pelo prolongamento dos sopros – um pouco "suja" por um instrumento de corda, provavelmente uma guitarra, tocado com caráter percussivo:

> Quero sambar, meu bem
> quero sambar também
> não quero é vender flores
> nem saudade perfumada
> quero sambar, meu bem
> quero sambar também
> mas eu não quero andar na fossa
> cultivando tradição embalsamada

Na segunda repetição da estrofe acima, a música e o timbre vocal se transformam nos quatro últimos versos em que a voz enuncia a negação determinada da tradição e, consequentemente, do samba. O ritmo se converte em uma valsa – uma "tradição qualquer" dentro desse contexto. O samba pode virar até, como o timbre pedante que a voz realiza parece insinuar, elemento de afirmação da classe dominante. Ela, a voz, não quer "vender flores/nem saudade perfumada", mas quer sambar. Quer um diálogo com a tradição e um lugar nela para poder sambar – ou quer poder perspectivar daí sua música – mas quer essa tradição viva no presente. Não quer a "fossa"[23] nem o samba embalsamado para vender flores.

---

23   Ver análise de *Tropicália*, cap. 2.

FRIO TROPICAL: TROPICALISMO E CANÇÃO POPULAR   193

Em alguma medida a quadrinha do próximo momento da canção –

meu sangue é de gasolina
correndo, não tenho mágoa
meu peito é de sal de fruta
fervendo no copo d´água

– sugere, até na forma como está ostensivamente desconexa com a situação anterior, certa consciência da voz em relação a como os elementos ligados a essa "nova modernidade" estão presentes na sua própria constituição corpórea – aí, talvez, o nexo aparentemente ausente – e como essa nova constituição pode se relacionar, se é que pode, com a negação determinada daquela tradição.

*

Sabor de burrice, que finaliza o LP *Grande Liquidação*, começa criando uma situação narrativa para apresentar a canção: dos estúdios da *Gazeta* em São Paulo, local em que o disco foi gravado, Tom Zé evoca os serviços de alto-falantes de Irará, pequena localidade do interior da Bahia e sua cidade natal, e manda, junto com os outros que estão ali nomeados, "amplexos cheios de saudade" para alguns moradores da cidade. A voz imediatamente identificada ao autor fala um "não se morre mais" que será repetido quando o verso "a burrice está na mesa" for cantado pela primeira vez explicitando o assunto onipresente no LP, a "burrice" "saudada" na canção. Essa situação inicial ao mesmo tempo em que aponta para o lugar afetivo em que o autor alicerça sua construção – isso tendo em vista a negação determinada que o LP realiza em relação à ideia de popular – coloca esse mesmo lugar conectado aos meios que em parte são os responsáveis pela veiculação e disseminação da burrice, que continuará sendo especificada ao longo da canção. Como a própria letra diz, "Ela [a burrice] é transmitida por jornais e rádios". Essa é, talvez, a grande contradição que o LP enfrenta, encontrar um lugar, ou um não lugar, em que a forma não seja, ao menos inteiramente, fagocitada, ou unificada, pela burrice tendo em vista que ela *"nada rejeita"*.

No final dessa situação em que já havia começado uma música de fundo – com um teclado usado em muitas canções de rock da época e um chocalho – entram duas vozes cantando ao modo da música caipira:

> Veja que beleza
> em diversas cores
> veja que beleza
> em vários sabores
> a burrice está na mesa
> Veja que beleza

Em seguida entra a voz principal com a cadência martelada de um desafio popular nordestino até a mudança no quinto verso em seu timbre que passa a afetar certo pedantismo:

> Ensinada nas escolas
> universidades e principalmente
> nas academias de louros e letras
> ela está presente
> e já foi com muita honra
> doutorada *honoris causa*

O arranjo se transforma, o chocalho, que promovia um ritmo constante, e o teclado param. Os instrumentos pontuam algumas sílabas dos versos e no terceiro verso a música retorna com o chocalho e o teclado:

Não tem preconceito ou ideologia
anda na esquerda, anda na direita
não tem hora, não escolhe causa
e nada rejeita

As duas vozes ao modo da música caipira cantam novamente a estrofe do começo. A nova estrofe começa mais ou menos com a estrutura de antes e com a voz martelando os versos até sua alteração também no quinto verso:

refinada, poliglota
ela é transmitida por jornais e rádios
mas a consagração chegou com o advento
da televisão
É amiga da beleza
Gente feia não tem direito

Os instrumentos param e pontuam algumas sílabas do verso, também mais ou menos como antes, e a música retorna acompanhando a voz a partir do quarto verso:

Conferindo rimas com fiel constância
Tu trazeis em guarda
toda a concordância
gramaticadora
da língua portuguesa
Eterna defensora

E, até o final, o "refrão" "Veja que beleza" é cantado pelas duas vozes caipiras. A voz principal, nesse momento, sobrepõe um "discurso" a elas:

196 CARLOS PIRES

Nesta humilde contribuição para a sacrossanta glória da
burrice
não lhe proponho um feriado comemorativo
porque todo dia ela já é gloriosamente festejada

Esse "discurso"[24] termina por dar acabamento ao que em certa
medida o LP já perspectivava: a burrice é esse cruzamento da modernização daquele momento – a televisão é sua consagração – com
as formas religiosas, sociais, políticas etc. da nação. É uma homoge-
neização que aparece como um processo múltiplo, plural – a burrice
tem diversas cores e sabores – que se sobrepõe ao arcaico, como de
certa maneira o discurso da voz no plano da composição às vozes
caipiras, e o usa como um acessório a mais para afirmar a diversida-
de do mesmo. O texto da contracapa parece permitir uma visão de
conjunto, como em *Sabor de burrice*, dos temas e dos problemas que
apareceram ao longo do LP:

> Somos um povo infeliz, bombardeado pela felicidade.
> O sorriso deve ser muito velho, apenas ganhou novas
> atribuições.
> Hoje, industrializado, procurado, fotografado, caro (às
> vezes), o sorriso vende. Vende creme dental, passagens,
> analgésicos, fraldas, etc. E como a realidade sempre se

---

24 No disco de 1998, *Com defeito de fabricação*, Tom Zé regrava *Sabor de burrice* com
outro título – *Defeito 13: burrice* – e algumas alterações. O discurso acima, no entanto, indicado no encarte como discurso político, mantém uma direção próxima ao de
1968 com o fato da burrice – além de ser marcada como nacional, algo que talvez
não passasse na censura na gravação anterior – ocupar a extensão do território nacional: "Se neste momento solene não lhes proponho um feriado comemorativo para a
sacrossanta glória da burrice nacional é porque todos os dias do Oiapoque ao Chuí,
dos Pampas aos seringais, Ela já é gloriosamente festejada". zÉ, Tom. *Com defeito de
fabricação*. Luakabop, 1998.

confundiu com os gestos, a televisão prova diariamente que ninguém mais pode ser infeliz.

Entretanto, quando os sorrisos descuidam, os noticiários mostram muita miséria.

Enfim, somos um povo infeliz, bombardeado pela felicidade.(Às vezes por outras coisas também).

É que o cordeiro de Deus convive com os pecados do mundo. E até já ganhou uma condecoração.

Resta o catecismo, e nós todos perdidos.

Os inocentes ainda não descobriram que se conseguiu apaziguar Cristo com os privilégios. (Naturalmente Cristo não foi consultado).

Adormecemos em berço esplêndido e acordamos cremedentalizados, tergalizados, yêyêlizados, sambatizados e miss-ificados pela nossa própria máquina deteriorada de pensar.

" – Você é compositor de música 'jovem' ou de música 'Brasileira'?"

A alternativa é falsa para quem não aceita a juventude contraposta à brasilidade. (Não interessa a conotação que emprestam à primeira palavra).

Eu sou a fúria quatrocentona de uma decadência perfumada com boas maneiras e não quero amarrar minha obra num passado de laço de fita com boemias seresteiras.

Pois é que quando eu abri os olhos e vi, tive muito medo: pensei que todos iriam corar de vergonha, numa danação dilacerante.

Qual nada. A hipocrisia (é com z?) já havia atingido a indiferença divina da anestesia...

E assistindo a tudo da sacada dos palacetes, o espelho mentiroso de mil olhos de múmias embalsamadas, que procurava retratar-me como um delinquente.

Aqui, nesta sobremesa de preto pastel recheado com

versos musicados e venenosos, eu lhes devolvo a imagem.
Providenciem escudos, bandeiras, tranquilizantes, anti-
-ácidos, antifiséticos e reguladores intestinais.
Amém.
TOM ZÉ
P.S.

Nobili, Bernardo, Corisco, João Araújo, Shapiro, Satoru,
Gauss, Os Versáteis, Os Brazões, Guilherme Araújo, O
Quartetão, Sandino e Cozzela, (todos de avental) fizeram
este pastel comigo.
A sociedade vai ter uma dor de barriga moral
O mesmo

É curiosa a maneira como o autor recupera os problemas formais de *Grande liquidação* nesse bloco de fragmentos que lidos antes de se ouvir o disco apresentam uma articulação frouxa, exagerada até nas passagens abruptas de registro – os conectivos, ou os tons explicativos, não possibilitam a articulação imediata com os enunciados prévios. No primeiro movimento – que começa e termina com a inversão do lugar comum da felicidade do brasileiro, "Somos um povo infeliz..." – aparecem questões relacionadas à colonização subjetiva que a indústria do prazer – ou, melhor, do pré-prazer, já que esse que deveria preparar o prazer acaba por reprimi-lo[25] – promove. As canções, como visto, formalizam essa introjeção, ou essa internalização, da indústria cultural em diferentes direções: tematicamente, ver *Catecismo, creme dental e eu, Parque industrial* e outras; no sentido formal mais imediato como, por exemplo, os desenvolvimentos musicais que ao "murcharem" internamente são "revigorados" por justaposições externas; e na

---

25 "A produção em série do objeto sexual produz automaticamente seu recalcamento" (ADORNO e HORKHEIMER, *Dialética do esclarecimento, op. cit.*, p. 131)

FRIO TROPICAL: TROPICALISMO E CANÇÃO POPULAR   199

configuração das vozes – tensionada pelos dispositivos forjados na experiência nacional do teatro épico – que expõe o "confronto" dessas subjetividades com a "nova" realidade. Esse primeiro fragmento apresenta a dissociação progressiva entre o que seria a expressão corpórea da felicidade, o sorriso, e a felicidade em uma direção semelhante à do ensaio sobre a indústria cultural de Adorno e Horkheimer: "*Fun* é um banho medicinal, que a indústria do prazer prescreve incessantemente. O riso torna-se nela o meio fraudulento de ludibriar a felicidade".[26] É bastante provável que Tom Zé não conhecesse esse texto, nem as reflexões desses autores nessa direção. Apesar de produzido algumas décadas antes, as traduções de Adorno começam a rarear no país apenas no final dos anos 1960. A reflexão sobre a sociedade de massas acontecia aqui – promovida em grande parte pelos concretistas – em uma chave consideravelmente diferente à dos autores alemães; Marshall McLuhan parece ser a principal referência para os concretistas. Talvez o centro da diferença entre essas perspectivas teóricas esteja na maneira de se encarar a tecnologia: grosso modo, enquanto Adorno e Horkheimer (e Tom Zé) apontam para as dissociações psíquicas e para a reificação do sujeito nesse contexto da indústria cultural, McLuhan acredita que os meios de comunicação e a tecnologia são instrumento que podem potencializar o corpo humano inaugurando uma nova era. No entanto isso não chega a se configurar como uma divergência teórica na realidade social com campos delimitados já que as ideias dos autores alemães pouco eram conhecidas naquele momento. Tom Zé, com a colaboração dos concretistas e com a negação determinada de suas ideias, formaliza um ponto de vista sofisticado, particular, em certa medida negativo como o dos alemães, em relação aos "avanços industriais" da cultura no país.

---

26   *Ibidem.*

O próximo fragmento refaz como em diversos momentos do LP a indiferenciação entre essa mitologia do "progresso industrial" e a religiosa, acomodando-as em um arranjo que denuncia o esvaziamento e apropriação da última – "Naturalmente Cristo não foi consultado" – na constituição da "nova" que não tem "preconceito ou ideologia" – o "cordeiro de Deus" agora "convive", atingido pela "indiferença divina da anestesia, com os pecados do mundo". E dessa "perdição" nacional – "e nós todos perdidos" – retorna, da perspectiva da formação nacional – "Adormecemos em berço esplêndido e acordamos cremedentalizados..." – no ponto desse processo de industrialização da cultura no país – "yêyêtizados, sambatizados e miss-ificados pela *nossa própria máquina deteriorada de pensar*". O próximo fragmento começa com uma pergunta, com tom das enquetes realizadas na imprensa, relacionada ao ofício de "cantador" nesse contexto. O esquematismo com que o ponto de vista associado a esse processo de "profissionalização" cultural trata questões complexas para a época, a relação entre juventude e brasilidade, coagindo o real a se enquadrar em seus jargões, promove uma mudança discursiva. A resposta vem na primeira pessoa do singular retomando momentos do LP, *Curso intensivo de boas maneiras* e *Quero sambar meu bem* principalmente:

> Eu sou a fúria quatrocentona de uma decadência perfumada com boas maneiras e não
>
> quero amarrar minha obra num passado de laço de fita com boemias seresteiras

Em seguida coloca o momento de consciência, ou até revelação, da, provavelmente, situação descrita antes – e também no LP – e a consequente exposição da irrelevância dessa consciência – e de quase

FRIO TROPICAL: TROPICALISMO E CANÇÃO POPULAR   201

qualquer outra – dentro desse "novo" contexto de mentira manifesta, ou grau zero da ideologia: "Qual nada. A hipocrisia (é com z?) já havia atingido a indiferença divina da anestesia...". Se coloca retratado como delinquente pelo espelho de mil olhos que assistia a tudo da sacada dos palacetes e devolve, com o disco – a sobremesa de preto pastel – como espelho, a imagem aos, provavelmente, leitores e ouvintes.

A colagem dos fragmentos de texto na contracapa parece apontar para a dificuldade em devolver essa imagem contraditória que é o próprio LP em um contexto em que a indiferença divina da anestesia, ou da burrice, passa a dar o tom. É curiosa a passagem da primeira pessoa do plural nos três primeiros fragmentos, para a primeira do singular nos outros que terminam o texto. A voz da, provavelmente, imprensa – demarcada como diferente pelas aspas – promove essa divisão individualizando o sujeito na pergunta que realiza. Da primeira pessoa ampliada como povo – "somos um povo infeliz..." – o texto caminha para uma individualidade vigiada, como em certa medida *Tropicália* de Veloso, e é dessa perspectiva que esboça a reação que é, segundo o texto, o próprio LP. Nessa mudança do uso da primeira pessoa – que parece orientar a construção das vozes nas músicas – o autor talvez figure negativamente o que foi liquidado[27] nesse novo contexto ou nessa nova superfície insensível. *Grande Liquidação* é esse momento de transição em que a memória da dor não tinha sido completamente cremedentalizada.

---

27 Uma experiência que, para bem e para mal, procurava "testar a cultura pela prática social e pelo destino dos oprimidos e excluídos". SCHWARZ, *Sequências brasileiras, op. cit.*, p. 157.

CONSIDERAÇÕES FINAIS

Os três LPs estudados – talvez as composições mais interessantes desses autores se o critério de valoração não for o acabamento industrial – parecem apontar para um horizonte de problemas comuns, mas dão para eles respostas particulares. Talvez o que aproxime mais os discos seja a sensação viva da mudança dos tempos. Os três LPs, na colagem de imagens aceleradas que constroem, parecem trabalhar com materiais de origens muito diferentes arranjados na composição promovendo um tipo de unidade diferente[1] da que se tinha até então, daí o caráter assumidamente híbrido das composições – que, como discutido antes,[2] já existia, mas adquiria contornos específicos no trânsito da canção para o meio televisivo.

As diferenças são interessantes; grosso modo, Gil constrói, imbricadas, com a questão popular, vozes que estão em boa medida fechadas na própria subjetividade e que a externalização de suas vontades passa, com melancolia, por certa duplicação do real com uma ambivalente consistência de ficção – o delírio de *Luzia, luluza* fornece uma aproximação dessa ideia. Em Veloso, interno e externo também

---

1   Augusto de Campos chamou a atenção para isso já naquele momento em *Balanço da bossa e outras bossas*. São Paulo: Perspectiva, 1974.

2   Ver análise de *Quero sambar meu bem*.

em certa medida se indiferenciam na tentativa de configuração de uma voz leve que flutue sobre a realidade que ela não consegue mais organizar, mas esse processo parece levar à pulverização de qualquer voz – e, consequentemente, de qualquer ponto de vista –, um interessante efeito na direção "pop" na medida em que dispõe na superfície da canção carcaças/fragmentos retirados de diversos lugares da experiência nacional. Isso ao mesmo tempo em que se tenta esboçar críticas, que pressupõem algum ponto de vista e algum "peso" dos materiais, ao meio cultural que acabam em um clima de pulverização semelhante ao das vozes. Essa falha de composição do LP – daí talvez o caráter de "aleijão" que Veloso atribui a esse trabalho – também bastante interessante, é reveladora sobre o trânsito – ou seu limite – entre crítica social e cultura pop naquele contexto histórico específico. Já Tom Zé tenta manter vivo nessa nova superfície insensível certo espírito contraditório que havia se forjado na experiência recente do país para formalizar um ponto de vista crítico em relação ao presente. As vozes se contrapõem no LP, talvez na direção das experiências com o teatro épico no país, ao mesmo tempo em que esse lugar tenso, crítico, é desenhado negativamente.

De qualquer maneira, os LPs tropicalistas, marcos da expressão da inteligência musical do país, parecem formalizar problemas, que reverberavam as transformações que aconteciam na experiência material daquele momento, talvez decisivos para a história contemporânea do Brasil. Essas canções deixam um resto de difícil assimilação tanto para a burrice nacional quanto para a estrangeira.

BIBLIOGRAFIA

ADORNO, T. *Notas de Literatura I*. São Paulo: Duas Cidades/Ed. 34, 2003.

_____. "Moda sem Tempo: O *Jazz*". *RCB*, ano III, n. 18, mar.-abr. 1968.

ADORNO, T.; HORKHEIMER, M. *Dialética do esclarecimento*. Rio de Janeiro: Zahar, 1985.

AGUILAR, Gonzalo. *Poesia concreta brasileira*. São Paulo: Edusp, 2005.

ALMEIDA, J. *Crítica dialética em T. Adorno: Música e verdade nos anos 20*. Cotia: Ateliê Editorial, 2007, p. 232.

ALMIRANTE. *No tempo de Noel Rosa*. Rio de Janeiro: Livraria Francisco Alves, 1963.

AMARAL, Aracy (org.). *Projeto Construtivo Brasileiro na Arte (1950-1962)*. Rio de Janeiro/São Paulo: Museu de Arte Moderna/Pinacoteca do Estado, 1977.

ANDRADE, Oswald de. *Poesias Reunidas*. 3ª ed. São Paulo: Difel, 1966.

ARANTES, Paulo Eduardo. *Sentimento da dialética*. São Paulo: Paz e Terra, 1992.

_____. *Zero à esquerda*. São Paulo: Conrad Livros, 2004.

BAKHTIN, Mikhail. *Marxismo e filosofia da linguagem*. São Paulo: Hucitec, 2006.

BAUGH, Bruce. "Prolegômenos a uma estética do rock". *Novos Estudos CEBRAP*, n° 38, mar. 1994.

206 CARLOS PIRES

BENJAMIN, W. *Obras escolhidas I e III*. São Paulo: Brasiliense, 1989.

_____. *A origem do drama barroco alemão*. São Paulo: Brasiliense, 1984.

BOSI, E. *Cultura de Massa e Cultura* Popular. Rio de Janeiro: Vozes, 1972.

BRITO, Ronaldo. *Neoconcretismo*. São Paulo: Cosac & Naify, 1999.

_____. *Experiência crítica*. São Paulo: Cosac & Naify, 2005.

BÜRGER, Peter. *Teoria da vanguarda*. Lisboa: Vega, 1993.

CAMARGO, P. "Família e religião na sociedade rural em mudança". In: SZMRECSÁNYI, T (org.). *Vida rural e mudança social*. São Paulo: Companhia Editora Nacional, 1979.

CAMPOS, Augusto de. *Balanço da bossa e outras bossas*. São Paulo: Perspectiva, 1974.

CANDIDO, Antonio. "Literatura e subdesenvolvimento" e "A revolução de 1930 e a cultura". In: *A educação pela noite e outros ensaios*. São Paulo: Ática, 2000.

COSTA, Iná Camargo. "A comédia desclassificada de Martins Pena". In: *Sinta o drama*. Petrópolis: Vozes, 1998.

DUNN, C. *Brutality garden*. North Carolina: The University of North Carolina Press, 2001.

FAVARETTO, Celso. *Tropicália: alegoria, alegria*. São Paulo: Ateliê Editorial, 2000.

FIORI, José L. *Brasil no espaço*. Rio de Janeiro: Vozes, 2001.

FREYRE, Gilberto. *Casa-grande & senzala*. Rio de Janeiro: José Olympio, 1966.

GALVÃO, Walnice N. "MMPB: uma análise ideológica". In: *Saco de gatos*. São Paulo: Duas Cidades, 1976.

GARCIA, W. *Bim Bom: a contradição sem conflitos de João Gilberto*. São Paulo: Paz e Terra, 1999.

GOMES, P. *Cinema: trajetória no subdesenvolvimento*. Rio de Janeiro: Paz e Terra/Embrafilme, 1985.

FRIO TROPICAL: TROPICALISMO E CANÇÃO POPULAR   207

GREENBERG, C. *Arte e cultura*. São Paulo: Ática, 1996, p. 33.

HARVEY, David. *A condição pós-moderna*. São Paulo: Loyola, 1993.

JAMESON, Fredric. "Pós-modernidade e sociedade de consumo". *Novos Estudos CEBRAP*, n. 12, nov. 1985.

_____. "Periodizando os anos 1960". In: HOLLANDA, H. *Pós-modernismo e política*. Rio de Janeiro: Rocco, 1992.

_____. *Brecht e o método*. Petrópolis: Vozes, 2001.

LOUZADAS, O. C. "A festa da bossa: impacto, sintaxe e (declínio)". *Arte em revista*, n. 2. São Paulo: CEAC, 1983.

_____. "O Contexto Tropical". *Aparte*, n. 2, maio-jun. 1968.

LÖWY, M. *Walter Benjamin: aviso de incêndio*. São Paulo: Boitempo, 2005.

MAMMI, L. "João Gilberto e o projeto utópico da Bossa Nova". *Novos Estudos CEBRAP*, n. 34, nov. 1992.

MACIEL, Luiz Carlos. "É Proibido Proibir". *Correio da Manhã*, 11 out. 1968.

_____. "Caetano: 1965 a 1971". *Jornal de Amenidades*, Rio de Janeiro: 1971.

_____. *Geração em transe*. Rio de Janeiro: Nova Fronteira, 1996.

MEDAGLIA, Júlio. "Música, Não-música, Antimúsica". *O Estado de S. Paulo*, Suplemento Literário, 22 abr. 1967 (entrevista com Damiano Cozzella, Rogério Duprat, Willy Corrêa de Oliveira, Gilberto Mendes).

MEDINA, C. A. de. *Música Popular e Comunicação*. Petrópolis: Vozes, 1973.

MELLO, Zuza Homem de. *A era dos festivais*. São Paulo: Ed. 34, 2003.

_____. *Música Popular Brasileira*. São Paulo: Edusp-Melhoramentos, 1976.

MELLO, Zuza Homem de.; SEVERIANO, Jairo. *A canção no tempo*. São Paulo: Ed. 34, 2002.

208 CARLOS PIRES

MELMAN, C. *O homem sem gravidade*. Rio de Janeiro: Companhia de Freud, 2003.

NAVES, Rodrigo. *A forma difícil*. São Paulo: Ática, 2001.

NETO. Torquato. *Os Últimos Dias de Paupéria*. (Org. Wally Sailor-moon). Rio de Janeiro: Eldorado Tijuca, 1973.

ORTIZ, Renato. *A Moderna Tradição Brasileira*. São Paulo: Brasiliense, 1987.

PASTA JR., J. A. *Trabalho de Brecht*. São Paulo: Ática, 1986.

ROSENFELD, Anatol. *O mito e o herói no moderno teatro brasileiro*. São Paulo: Perspectiva, 1982.

_____. *O teatro épico*. São Paulo: Ed. Perspectiva, 2004.

_____. *et al*. "Vanguarda em Questão". *Tempo Brasileiro*, n. 26-27, 1971.

SAFATLE, V. *A paixão do negativo*. São Paulo: Editora Unesp, 2006.

SANT'ANNA, A. R. de. *Música Popular e Moderna Poesia Brasileira*. Petrópolis: Vozes, 1978.

SANTIAGO, Silviano. "Caetano Veloso, os 365 Dias de Carnaval". *Cadernos de Jornalismo e Comunicação*, n. 40, jan.-fev. 1973.

_____. "Bom Conselho". *Minas Gerais*, Suplemento Literário, 17 mar. 1973.

SCHWARZ, R. *Ao vencedor as batatas*. São Paulo: Duas Cidades, 1981.

_____. *O pai de família e outros estudos*. Rio de Janeiro: Paz e Terra, 1992.

_____. *Que horas são?* São Paulo: Companhia das Letras, 1987.

_____. *Sequências brasileiras*. São Paulo: Companhia das Letras, 1999.

SQUEFF, E.; WISNIK, J. *Música: o nacional e o popular*. São Paulo: Brasiliense, 1982.

SUSSEKIND, F. *Literatura e vida literária*. Rio de Janeiro: Zahar, 1985.

TATIT, L. *O século da canção*. Cotia: Ateliê Editorial, 2004.

FRIO TROPICAL: TROPICALISMO E CANÇÃO POPULAR   209

_____. *O cancionista: composição de canções no Brasil*. São Paulo: Edusp, 1995.

_____. *Análise semiótica através das letras*. Cotia: Ateliê Editorial, 2002.

TOTA, A. P. *O imperialismo sedutor*. São Paulo: Companhia das Letras, 2005.

VASCONCELOS, G. *Música popular: de olho na fresta*. Rio de Janeiro: Graal, 1977.

VELOSO, Caetano. *Verdade Tropical*. São Paulo: Companhia das Letras, 1999.

_____. *Esse mundo não é chato*. São Paulo: Companhia das Letras, 2005.

_____. *Alegria, alegria*. Rio de Janeiro: Pedra Q Ronca, s.d.

VIANA, Nildo. *Tropicalismo: a ambivalência de um movimento*. Rio de Janeiro: Corifeu, 2007.

WEBER, M. *A ética protestante e o "espírito" do capitalismo*. São Paulo: Companhia das Letras, 2004

WLSNIK, José Miguel. "Onde não Há Pecado nem Perdão". *Almanaque*, n. 6. São Paulo: Brasiliense, 1978.

_____. "Oculto e Obvio". Entrevista com Caetano Veloso. *Almanaque*, n. 6. São Paulo: Brasiliense, 1978.

_____. "Um minuto e o milênio ou Por favor, professor, uma década de cada vez". In: BAHIANA, M. *Anos 70*. Rio de Janeiro: Europa, 1980.

XAVIER, Ismail. *Alegorias do subdesenvolvimento*. São Paulo: Brasiliense, 1993.

ZÉ, Tom. *Tropicalista lenta luta*. São Paulo: PubliFolha, 2003.

Discografia consultada

GIL, Gilberto. *Louvação*. CBD/Philips, 1967.

_____. *Gilberto Gil*, CBD/Philips, 1968.

_____. *Ensaio geral*. Polygram, 1998.

_____ *et al*. *Tropicália ou Panis et Circensis*. Disco coletivo, CBD/Philips, 1968.

GILBERTO, João. *Chega de saudade*. Odeon, 1959.

VELOSO, Caetano. *Caetano Veloso*. CBD/Philips, 1968.

ZÉ, Tom. *Grande Liquidação*. Rozemblit, 1968. (CD de relançamento: Columbia 495.712. s.d.)

ZÉ, Tom. *Com defeito de fabricação*. Luakabop, 1998.

ALAMEDA NAS REDES SOCIAIS:
Site: www.alamedaeditorial.com.br
Facebook.com/alamedaeditorial/
Twitter.com/editoraalameda
Instagram.com/editora_alameda/

Esta obra foi impressa em São Paulo no inverno de 2017. No texto foi utilizada a fonte Electra LH, em corpo 10,5 e entrelinha de 16 pontos.